Anna Kontny

Glücksorte in Rotterdam

Mit Den Haag

AF640993

Dieses

Glücksbuch

ist für

Liebe Glücksuchende,

Höhepunkt des Glückes ist es, wenn der Mensch bereit ist, das zu sein, was er ist, sagte schon der aus Rotterdam stammende Humanist Erasmus von Rotterdam. Und wo sollte der Mensch glücklicher sein als in einer Stadt, die ganz sie selbst ist? Sie ist nicht immer schön, aber doch immer einzigartig.
Geprägt von Hafen und Seefahrt, geprägt von der Bombardierung durch die Deutschen im Zweiten Weltkrieg, nach der von der Innenstadt bis auf einige wenige Gebäude nichts mehr übrig war, entstand die Stadt in den 1950er-Jahren wie Phönix aus der Asche. „Das Manhattan an der Maas" wird Rotterdam aufgrund der zahlreichen Wolkenkratzer genannt. Auffallende Architektur ist hier ebenso beheimatet wie niederländische Traditionen und über 170 Nationen.
Alles zusammen verleiht Rotterdam ein einzigartiges Flair und ganz besondere Orte, an denen das Glück zu Hause ist: in kleinen Bäckereien, in unzähligen Parks und Grünanlagen und einem vielfältigen Kulturangebot. Machen wir uns auf, seien wir ganz wir selbst und entdecken wir das Glück in Rotterdam

Ihre Anna Kontny

GLÜCK

Deine Glücksorte ...

... noch mehr Glück für dich

Blick auf zwei Städte

1 Der Aussichtspunkt Lührs in Bergschenhoek

Ein Anblick wie im Bilderbuch: Der Himmel erstrahlt in kräftigem Blau, weiße Wolken schweben vorüber und erinnern an weiche Watte, die Wiesen leuchten in saftigem Grün. Gemächlich ziehen die angrenzenden Gewässer dahin. Hier will man nicht mehr weg. Dabei hat man das Highlight dieses Ortes noch nicht erreicht. Das liegt oben auf dem Hügel. Je nachdem, welche Route man wählt und von welcher Seite aus man sich der Erhebung nähert, führt der Weg gemächlich oder in steilen Serpentinen hinauf. Die letzten Höhenmeter legt man über eine Treppe zurück. Dann hat man ihn erreicht, den Aussichtspunkt Lührs.

Von hier hat man einen atemberaubenden Blick auf die Umgebung. Auf den Fluss Rotte, eine Regattabahn, einen riesigen See. Und auf unzählige Glücksorte. Denn am Horizont ragen die zwei Städte, die unterschiedlicher nicht sein könnten, in den Himmel: Im Südwesten ist die Skyline der Hafenstadt Rotterdam zu erkennen. Unzählige Wolkenkratzer, die in die Höhe ragen. Im Nordwesten Den Haag. Kleiner, kompakter und doch genauso schön oder eben ganz anders schön.

Zu verdanken haben wir diesen herrlichen Ausblick auf die beiden Städte einem gewissen Herrn Lührs. Er fand, dass das Gebiet vor den Stadttoren Rotterdams wichtig ist für Erholung und Inspiration und sorgte dafür, dass auf diesem 40 Meter hohen Hügel aus Bauschutt und Abbruchabfall ein Aussichtspunkt errichtet wurde. Das passende Erscheinungsbild schuf die Landschaftsarchitektin Joanne Gendronneau und die Künstlerin Sofie Boonman zauberte mit kleinen Hockern eine gemütliche Sitzgelegenheit. So können wir hier nach dem Aufstieg verschnaufen, einen Moment ausruhen und innehalten, bevor wir uns dem Weitblick hingeben, unsere Umgebung in Ruhe betrachten und uns freuen auf das, was dort zu unseren Füßen liegt. Uns fragen, welche Schätze diese Städte bereithalten mögen, was es zu entdecken gibt, welche Reise, welch Glück uns bevorsteht.

● Uitkijkpunt Lührs, Bergschenhoek

Rasten zwischen Zügen

2 Das Café StationsHuiskamer im Bahnhof

Ein Wohnzimmer im Bahnhof? Klingt ungemütlich? Ist es aber nicht. Teppiche auf dem Boden, Sofas und Sessel, Regale und Pflanzen sorgen dafür, dass die StationsHuiskamer, das Bahnhofswohnzimmer, nur so strotzt vor Gemütlichkeit und Heimeligkeit. Durch die riesige Fensterfront fällt der Blick auf die Lettern, die angeben, wann und wo die nächsten Züge abfahren, und auf die Leute, die durch die Bahnhofsvorhalle eilen. Wer gerade ankommt und Rotterdam noch nicht gesehen hat, betrachtet interessiert die beeindruckende Architektur des Bahnhofsgebäudes und tritt schließlich neugierig aus dem Gebäude heraus, um die Metropole zu erkunden.
All dies können die Gäste der StationsHuiskamer beobachten und dabei eine kleine Auszeit genießen. Viele lassen sich jedoch von dem Geschehen gar nicht beeindrucken und sind auf Handys und Laptops mit der Arbeit beschäftigt. Denn auch dafür ist dieses Wohnzimmer gedacht und daher mit Steckdosen und gratis Wifi ausgestattet.
Gleich an mehreren Bahnhöfen in den Niederlanden gibt es eine StationsHuiskamer. Das Konzept ist immer dasselbe: Passagiere sollen hier in angenehmer Atmosphäre auf ihren Zug warten und dabei ein warmes oder kaltes Getränk oder eine kleine Speise genießen können. An kleineren Bahnhöfen gibt es auf der Karte vor allem Produkte, die man einfach mitnehmen kann, wenn es Zeit wird, sich zum Gleis zu begeben. In den großen Bahnhöfen Rotterdam, Den Haag und Arnheim ist mehr Platz im Wohnzimmer, man geht davon aus, dass die Gäste etwas länger bleiben, das Angebot ist umfangreicher, es gibt Frühstück und Lunchgerichte wie Suppen, belegte Brote und Salate.
Aber auch wer gar nichts mit dem Zugverkehr zu tun hat, kann in der StationsHuiskamer heimkommen, runterkommen und sich eine kleine Auszeit von der hektischen Großstadt gönnen. Mit einem Kaffee, einer hervorragenden Suppe oder einem Sandwich werden hier neue Energie getankt und frische Kraft gesammelt, damit man danach die aufregende und beeindruckende Stadt weiter erkunden kann.

- StationsHuiskamer, Stationsplein 18 a, 3013 AJ Rotterdam, Tel. +31 (6) 23 23 03 96 www.stationshuiskamer.nl
- ÖPNV: diverse Busse und Bahnen, Metro D, E, Haltestelle Rotterdam Centraal

84

Flitzendes Glück

3

Eine Fahrt mit dem Wassertaxi

Schwungvoll löst der Kapitän – oder sollte man ihn Taxifahrer nennen? – das Tau vom Boot. Langsam entfernt er sich vom Land, legt einen Gang ein und braust in einem atemberaubenden, wellenschlagenden Tempo davon. Derzeit rasen 24 Wassertaxis die Maas rauf und runter und bringen ihre Passagiere von A nach B. Im Westen geht es bis nach Schiedam, im Osten bis nach Ijsselmonde. Dazwischen liegen 50 Haltestellen, die als Ein- und Ausstiegspunkt genutzt werden können. Dieses Transportnetz ist einzigartig in Europa und sorgt dafür, dass man deutlich schneller vom einen Ufer der Maas zum anderen kommt als mit dem Auto oder öffentlichen Verkehrsmitteln. Das wissen auch die Einheimischen, sodass die kleinen gelb-schwarzen Flitzer im Jahr mehr als 700.000 Passagiere transportieren.

TIPP

Es können auch Rundfahrten mit einem Wassertaxi gebucht werden.

Aber aufgepasst: Trotz der irreführenden Bezeichnung Haltestelle bleibt es ein Taxiunternehmen. Das heißt, wer von hier nach dort gebracht werden will, muss in der Zentrale anrufen und ein Taxi bestellen. Dabei einfach die Nummer des aktuellen Standorts angeben und die gewünschte Ausstiegsstelle nennen – und schon wird ein Taxi geschickt. Dies kann allerdings mitunter recht lange dauern: an sehr vollen Tagen schon mal vom Nachmittag bis zum Abend. Daher sollte man entweder einen Plan B für die Anfahrt zum Ziel haben, viel Zeit mitbringen oder einfach rechtzeitig für eine bestimmte Uhrzeit reservieren.

Dann kommt man auf jeden Fall in den Genuss, mit einem der Boote über die Maas zu flitzen. Seetauglich sollte man dabei schon etwas sein. Bis zu 55 Stundenkilometer können die Boote erreichen. Da ziehen die Ufer der Maas im Schnelldurchlauf an einem vorbei. Kaum hat man sich an das Tempo gewöhnt, hat man sein Ziel bereits erreicht und muss das Boot den nächsten Passagieren überlassen. Und steht man dann wieder sicher auf dem Steg und will noch einen letzten Blick auf das kleine Schiffchen werfen, ist dieses schon längst davongejagt, um irgendwo am Ufer der Maas neue Gäste einzusammeln.

● Watertaxi Rotterdam, zahlreiche Anlegestellen, zum Beispiel Willemskade, 3016 DB Rotterdam, Tel. +31 (10) 4 03 03 03
www.watertaxirotterdam.nl

DHG

Das Gedächtnis der Stadt

4 Die Laurenskirche

Zwischen den Kathedralen der Moderne, die aus Glas und Stahl gebaut die Skyline Rotterdams beherrschen, wirkt der mächtige Backsteinbau mit seinem über 60 Meter hohen Turm wie aus der Zeit gefallen. Denn das Gotteshaus ist eines der wenigen Gebäude der Stadt, die an das alte Rotterdam von vor 1940 erinnern.
Schon um 1300, als Rotterdam nur aus ein paar Häusern bestand, befand sich an gleicher Stelle eine Kirche. Doch die Stadt wurde größer und größer und die Kirche zu klein. Mitte des 15. Jahrhunderts wurde darum ein Neubau beschlossen. 100 Jahre später läuteten in dem mächtigen Turm zum ersten Mal die Glocken. Nach dem Bombenangriff von 1940, bei dem weite Teile Rotterdams zerstört wurden, war die Kirche völlig ausgebrannt. Nur noch die Mauern und der Turm ragten im Trümmerfeld in den Himmel. 1952 begann der Wiederaufbau der Kirche und das Gotteshaus erhob sich wie Phönix aus der Asche.
Beim Betreten der Kirche durch das imposante Portal öffnen sich die Türen wie von Geisterhand und der Besucher findet sich in einer schlichten Kirche mit viel Freifläche wieder. Die stoffbezogenen Stühle erinnern weniger an die Bestuhlung einer Kirche. Das liegt daran, dass das Gebäude heute zwar noch immer für Gottesdienste und christliche Feiern genutzt wird, aber auch Konzerte, Ausstellungen und sogar Modeschauen dargeboten werden. Die Kapellen, die im Mittelalter den verschiedenen Gilden gehörten, sind heute erfüllt von Erzählungen über die Geschichte der Kirche, den Bau und die Heiligen. Im Chorumgang befinden sich 13 Kästen, die zu bestimmten Festen geöffnet werden. Neben christlichen Feiern wie Weihnachten und Ostern werden auch dem Zuckerfest, dem Opferfest und hinduistischen sowie buddhistischen Festen Raum geboten.
Noch heute heißt das Gebäude die Menschen willkommen, um sich von den tröstenden Mauern wärmen zu lassen, um durch die Geschichte zu reisen und einen Moment daran zu erinnern, dass große Teile der Kirche noch gar nicht so alt sind, wie man meint.

● Laurenskerk, Grotekerkplein 27, 3011 GC Rotterdam, Tel. +31 (10) 4 13 14 94
www.laurenskerkrotterdam.nl
● ÖPNV: Metro A, B, C, Tram 21, 24, Bus 32, Haltestelle Blaak

Nicht-Bürger sein

5 Das Weltmuseum

Vom Erdgeschoss bis in die oberste Etage reicht der Ahnenpfahl im Eingangsbereich des Weltmuseums. Gefertigt wurde er aus dem Stamm von Mangrovenbäumen für eine Zeremonie, bei der die Asmat, ein Volk, das im Südwesten Neuguineas lebt, ihrer Verstorbenen gedenken. Heute bildet er den Mittelpunkt des Treppenhauses und der Besucher kann den Pfahl von Etage zu Etage in allen Einzelheiten bestaunen. Hat man die Ausstellungsräume der Dauerausstellung erreicht, kann man weitere Gegenstände aus unterschiedlichsten Kulturen entdecken. Dazu zählen Zigarrenetuis, Ketten, Federn und Flöten aus Suriname, Figuren aus dem türkischen Schattenspiel Karagöz, Elfenbeinobjekte aus Afrika und Kleidung aus Indonesien. Über 80.000 Gegenstände aus 170 Kulturkreisen ermöglichen einen Einblick, wie Völker am anderen Ende der Welt leben.

Eröffnet wurde das Weltmuseum 1885 als Museum für Länder- und Völkerkunde. In der ersten Hälfte des 20. Jahrhunderts lag sein Schwerpunkt auf anthropologischen Studien und das Museum nahm an Expeditionen teil. In der zweiten Hälfte des 20. Jahrhunderts rückte der Fokus auf die Herkunftsländer der Immigranten, die nach Rotterdam kamen, denn die Metropole ist multikulti. Hier leben Menschen aus 170 Ländern und aus vielen verschiedenen Kulturkreisen. Das Weltmuseum macht es sich zur Aufgabe, diese Diversität zu zeigen. „Ich will ein Weltbürger sein oder besser gesagt ein Nicht-Bürger“, soll Desiderius Erasmus von Rotterdam einst gesagt haben und lieferte damit das Motto für das Museum. Um dies zu verwirklichen, gibt es Wechselausstellungen und es wird mit Rotterdamer Künstlern zusammengearbeitet, die die Kollektion mit Fotos und Installationen zu ihrem eigenen Kulturkreis anreichern. So erhalten die Besucher einen ganz neuen und einzigartigen Einblick in die Weltstadt Rotterdam, werden über bei uns unbekannte Pflanzen informiert oder können den Klängen kapverdischer Musik lauschen und diese faszinierende Stadt auf eine ganze besondere Weise kennenlernen.

- Wereldmuseum, Willemskade 25, 3016 DM Rotterdam, Tel. +31 (10) 2 70 71 72
www.wereldmuseum.nl
- ÖPNV: Tram 7, Haltestelle Willemsplein; Tram 8, 20, Haltestelle Vasteland; Metro D, E, Tram 23, 25, Haltestelle Leuvehaven

Speisen wie bei Aladin

6 Hotel und Restaurant Bazar

Pita mit Falafel oder Feta, Dürüm und Lahmacun, tunesische Fischsuppe, Couscous mit Kalbfleisch, Hühnchen, geröstetem Gemüse und Safransauce, eine Platte mit Zigarrenbörek, geräucherten Mandeln, Falafel und Hähnchenflügeln und als Nachtisch türkischer Joghurt mit Früchten oder Baklava – wer sich im Restaurant Bazar an der Witte de Withstraat niederlässt, taucht ein in die Welt der kulinarischen Genüsse des Mittleren Ostens und Nordafrikas.

Mosaike, bunte Lampen und eine Decke aus Spiegelfliesen erinnern an 1001 Nacht. Dazu orientalische Musik sowie eine gewisse Wuseligkeit und Geschäftigkeit von kommenden und gehenden Gästen und Kellnern, die von Tisch zu Tisch laufen und die bestellten Gerichte auf riesigen silbernen Tabletts bringen. Dies alles sorgt für Markt- und Straßenatmosphäre. Organisiertes Chaos heißt es auf der eigenen Website. Und das macht das Restaurant neben den leckeren Speisen aus. Schließlich verspricht schon der Name einen orientalischen Basar.

Im Dezember 1997 öffnete Hotel Restaurant Bazar seine Türen an der lebendigen Straße Witte de Withstraat und ist seitdem nicht mehr wegzudenken. Eröffnet von einem Iraner, der als Flüchtling in die Niederlande gekommen war, war es damals eines der wenigen Restaurants, die ein Stück Mittleren Ostens in die Stadt brachten. Hier treffen türkische, iranische, marokkanische Küche aufeinander und das Bazar sieht sich als „Zuhause für die ganze Welt". Der perfekte Ort für eine so multikulturelle Stadt wie Rotterdam.

Wem das Tausendundeine-Nacht-Feeling noch nicht reicht, der sollte sich im Hotel nebenan einquartieren: Schon in der Lobby wird man von authentischen Möbeln, Wandteppichen und einer orientalischen Gemütlichkeit empfangen. In den Zimmern warten bunte Wände, pompöse Kronleuchter, riesige Perserteppiche und jede Menge afrikanische und orientalische Atmosphäre. Der perfekte Ort, um ein bisschen Ruhe zu finden oder loszuziehen, um die Multikulti-Stadt zu erkunden.

- Hotel en Restaurant Bazar, Witte de Withstraat 16, 3012 BP Rotterdam, Tel. +31 (10) 2 06 51 51, www.hotelbazar.nl
- ÖPNV: Metro A, B, C, D, E, Tram 8, 23, 24, 125, Haltestelle Beurs

Kreuzfahrtnostalgie

7 Eine Nacht auf der SS Rotterdam

Zehntausende Zuschauer stehen 1958 an den Ufern der Nieuwe Maas, als Königin Juliana die SS Rotterdam tauft und wohlbehaltene Fahrten wünscht. 1 Jahr später legt die SS Rotterdam zu ihrer ersten Reise ab. Ziel: New York. Mit an Bord: Kronprinzessin Beatrix. 228 Meter lang, 28 Meter breit und 51 Meter hoch – Maße, die dafür sorgen, dass das Schiff zur damaligen Zeit in vielen Häfen auffällt und bestaunt wird. Bis 1971 bringt die SS Rotterdam zahlreiche Passagiere über den Atlantik. Nach dem Ende der Linienschifffahrt bleibt sie – nach einigen kleinen baulichen Anpassungen – im Dienst und nimmt Reisende nun auf Fünf-Sterne-Kreuzfahrten mit in ferne, exotische Länder. Sie durchfährt den Panamakanal und macht auf den Bahamas, in Südafrika und Alaska fest.

TIPP

Die an Bord befindliche Lounge und Bar können auch ohne Übernachtung im Hotel besucht werden.

Zu Beginn der 1990er-Jahre will die Reederei HAL nicht länger in das Schiff, das nicht mehr alle Sicherheitsstandards erfüllt, investieren und setzt auf eine modernere Flotte. So übernimmt die Reederei Premier Cruises die SS Rotterdam und lässt sie unter dem Namen Rembrandt als Kreuzfahrtschiff durch Europa fahren. Im Jahr 2000 ist dann auch dieses Kapitel beendet: Das Unternehmen ist bankrott, das Schiff wird auf den Bahamas festgesetzt. Seine Zukunft ist ungewiss. In den Niederlanden gründet sich eine Stiftung, die sich dafür einsetzt, den Dampfer zu erhalten und wieder nach Rotterdam zu holen. 2008 ist es dann so weit: Die SS Rotterdam erreicht unter ihrem alten Namen den Hafen der Metropole an der Maas.

Und so können wir heute den Charme der großen Atlantiküberfahrten nachempfinden: Gleich hinter der Gangway warten blauer Samtteppich, eine imposante Treppe und 254 Hotelzimmer – von Standardkabinen bis zu Suiten auf den oberen Decks. Zwar bleibt das Schiff heute fest im Hafen vertäut. Wer jedoch das Außendeck besucht, hat einen herrlichen Blick auf den Rotterdamer Hafen und wenn man für einen Moment die Augen schließt und der Wind durchs Haar weht, könnte man glatt meinen, man befände sich mitten auf dem Atlantik.

- SS Rotterdam, 3e Katendrechtse Hoofd 25, 3072 AM Rotterdam, Tel. +31 (10) 2 97 30 90, www.ssrotterdam.nl
- ÖPNV: Bus 77, Haltestelle SS Rotterdam

Naturtempel

8 Das Landgut De Tempel

An einem Wasserbecken räkeln sich Nymphen und Götter. Dahinter sticht ein strahlend weißes Haus zwischen den grünen Bäumen heraus. Landgut De Tempel ist ein kleiner Diamant, versteckt an der Stadtgrenze von Rotterdam, von dem selbst viele Einheimische nichts wissen. Hier gibt es jahrhundertealte Alleen, gesäumt von mächtigen Bäumen, verwunschene Pfade, die durch ein kleines Wäldchen führen, elegante schmiedeeiserne Brücken und zahlreiche Skulpturen.

Das heutige Hauptgebäude wurde im Jahr 1939 im Stil des Neoklassizismus erbaut. Die Anlage selbst wurde jedoch bereits 1485 zum ersten Mal erwähnt und war zwischenzeitlich sogar in den Händen von Johan van Oldenbarnevelt, der als Begründer der Republik der Vereinigten Niederlande gilt. Im 17. Jahrhundert war das Areal eine Hohe Herrlichkeit, das heißt, ein Gebiet mit eigener Rechtsprechung. Im Endeffekt war es jedoch nicht mehr als ein Bauernhaus mit Nebengebäuden. Zu Beginn des 18. Jahrhunderts wechselte es den Besitzer, wurde mit der Herrlichkeit Tempel bei Rodenrijs zusammengelegt und erhielt so seinen heutigen Namen. Zu dieser Zeit wurde die Gartenanlage mit Obstgarten, Gärten, Teichen und einem Wassersystem, das aus dem gegenüberliegenden Fluss Schie gespeist wurde, angelegt. Nach weiteren Besitzern und Erweiterungen ging die Anlage 1946 an die Gemeinde Rotterdam, die jedoch keine geeignete Verwendung fand. Nach einigen Jahren des Dornröschenschlafs wird der Park seit 2021 von der gemeinnützigen Organisation Vereniging Natuurmonumenten verwaltet, die sich um Naturschutzgebiete in den Niederlanden kümmert. Sie pflegt die Anlage und sorgt dafür, dass die Gärten wiederhergestellt werden.

So wird Schritt für Schritt das ganze Areal angepackt, damit Besucher weiterhin über die geschlängelten Wege und eine denkmalgeschützte Holzbrücke von 1900 flanieren, wasserspeiende Skulpturen beobachten und ein bisschen Bridgerton-Feeling schnuppern können.

- Buitenplaats De Tempel, Delftweg 182–186, 3046 NC Rotterdam
- ÖPNV: Bus 40, Haltestelle De Tempel

Spiegel der Stadt

9 Das Depot des Museums Boijmans Van Beuningen

Wie eine überdimensionale Teetasse steht im Museumpark ein massiges Gebäude, dessen Fassade nur aus Spiegeln besteht. Die ganze Stadt wird durch die Spiegelung auf die knapp 40 Meter hohe Außenmauer geworfen und Passanten stehen mit den Armen rudernd am Boden und suchen sich auf der Kulisse der Weltstadt. Je nachdem, wo der Betrachter sich befindet, fällt auch das Museum Boijmans Van Beuningen auf die Fassade. Ein ganz besonderer Anblick, immerhin sind die beiden Gebäude unlösbar miteinander verbunden. 1935 wurde der rote Backsteinbau mit dem markanten Turm als Museum errichtet, allerdings ohne Möglichkeit, die nicht ausgestellten Werke der Sammlung im eigenen Haus zu lagern. Schließlich wurde es Zeit für ein neues Depot, in dem alle Werke einen Platz finden würden. Und so ist der Spiegelbau seit 2021 neue Heimat zahlreicher Werke der Museumskollektion. Aber nicht nur das: Es ist auch das erste für die Öffentlichkeit zugängliche Kunstdepot weltweit.
Die Besucher bekommen einen einzigartigen Blick hinter die Kulissen und einen Einblick in die Museumsarbeit. Gleichzeitig ist das Depot ein Gesamtkunstwerk für sich – im Innern wie außen. Eine imposante Treppe führt den Besucher in die erste Etage. Von dort geht es über weitere Treppen, die kreuz und quer übereinanderliegen und an Harry Potters Hogwarts erinnern, Etage um Etage nach oben. Auf dem Weg dorthin: Kahle Wände aus unverkleidetem Beton, Blicke in die Lagerräume, in denen die Gemälde in Reih und Glied hängen, und in Werkstätten, in denen man den Restauratoren bei der Arbeit zusehen kann. Und ganz oben, auf dem 60 Meter breiten Dach, befindet sich ein weiteres Highlight: eine begrünte Dachterrasse mit einem atemberaubenden Blick auf die Stadt. Ein Gebäude, dem nichts ähnelt, wollte Architekt Winy Maas schaffen und das hat er: einen Glücksort, der mit wenig anderen zu vergleichen ist und an dem jahrhundertealte Werke und moderne Architektur miteinander vereint sind.

- Depot Boijmans Van Beuningen, Museumpark 24, 3015 CX Rotterdam, Tel. +31 (10) 4 41 94 00, www.boijmans.nl/depot
- ÖPNV: Metro A, B, C, Tram 4, 8, Haltestelle Eendrachtsplein; Bus 44, Haltestelle Wytemaweg

Kathedrale der Genüsse

10 Die Markthalle

Wer die Markthalle betritt, wird sofort von der meterhohen Decke in den Bann gezogen, die wegen der kuppelartigen Form und einem riesigen Gemälde häufig mit der Sixtinischen Kapelle in Rom verglichen wird. Auf 11.000 Quadratmetern prangt hier statt heiliger und göttlicher Figuren in bunten, kräftigen Farben eine moderne Variante der altholländischen Stillleben. Es tummeln sich Trauben, Getreide, eine Avocado, ein Fisch und Blumen. Eben all das, was es unten zu kaufen gibt. Denn die Markthalle ist genau das, was ihr Name verspricht: ein geschäftiger Ort, an dem sich Touristen wie Einheimische durch die Gänge schieben und aufgrund des großen Angebots gar nicht wissen, wohin sie schauen sollen. Knapp hundert Marktstände und Imbissbuden bieten Kulinarisches aus unterschiedlichen Kulturen. In den Gängen hängt der Geruch frischer Gewürze, man kauft Käse, Nüsse, Fisch und Fleisch fürs Abendessen oder speist direkt vor Ort. Besucher sitzen an der Bar, genießen spanische Tapas und indische Spezialitäten, bestellen frisch frittierte niederländische Speisen, Sushi oder Smoothies. Egal ob vegetarisch oder vegan, in dieser Oase des Genusses lässt sich für jeden das Passende finden.

Aber die Markthalle ist mehr als das: Sie vereint Essen und Wohnen, denn in dem hufeisenförmigen Gebäude befinden sich über 200 Appartements. Einige von ihnen verfügen über ein Fenster, von dem die Bewohner sogar das geschäftige Treiben beobachten können. Seit ihrer Eröffnung im Jahr 2014 ist die Markthalle Touristenmagnet und hat Rotterdam, das lange als wenig attraktives Reiseziel galt, weit nach vorne katapultiert und die Besucherzahlen steigen lassen. Jeder will ein Selfie unter der bunten Decke, sollte jedoch dabei nicht vergessen, die Atmosphäre zu genießen und sich der kulinarischen Weltreise hinzugeben.

- Markthal, Ds. Jan Scharpstraat 298, 3011 GZ Rotterdam, Tel. +31 (30) 2 34 64 64
www.markthal.nl
- ÖPNV: Metro A, B, C, Tram 21, 24, Bus 32, Haltestelle Blaak

Büchertresor

11 Der Buchladen Donner

ABN AMRO prangt in großen Lettern auf dem Gebäude an der Coolsingel. In der Mitte der roten Backsteinfassade befindet sich ein imposanter Eingang, der links und rechts von Motiven aus Stein flankiert wird, die Landbau, Handel, Fischerei und Schifffahrt symbolisieren. Mittig über dem Eingang kniet Merkur, der Gott des Handels. Zu einem Buchladen passen die Symbole eher weniger, zu einer Bank hingegen schon. Denn als diese wurde das Gebäude nach der Bombardierung der Stadt als eines der ersten wieder aufgebaut. 2015 standen einige Teile leer und der Buchladen war auf der Suche nach einer neuen Bleibe.

Gegründet wurde er 1912 von Johannes Hendrikus Donner als christlicher Buchladen, in dem vor allem Bibeln, Liederbücher und christliche Romane angeboten wurden. Nach dem Zweiten Weltkrieg wurde das Sortiment erweitert und es gab schließlich alles aus der Welt der Bücher zu kaufen. Dann jedoch wurde Donner Teil einer Buchhandelsgruppe, die pleiteging. Das Ende des traditionsreichen Buchladens schien gekommen zu sein.

Doch fünf Angestellte geben den Buchladen nicht auf, sondern retten ihn mit eigenen Mitteln und mithilfe einer Crowdfunding-Aktion. Das ist der Moment, als der Buchladen 2015 in das monumentale Gebäude einzieht. Zunächst soll dies eine Übergangslösung sein, schließlich jedoch bleibt der Buchladen und es folgen jahrelange Umbauarbeiten. 2019 öffnet der fertige Laden seine Türen und Donner ist einer der größten Buchläden Rotterdams, wenn nicht sogar der größte der Niederlande. Auf 3700 Quadratmetern gibt es nicht nur Bücher, sondern auch Geschenkartikel, Spiele, Schreibwaren und ein Antiquariat mit Secondhand-Büchern, alten Karten und Postkarten mit historischen Motiven. Ein wahres Paradies für Leseratten, in dem jeder das passende Buch für seinen Geschmack findet und mit den Hauptfiguren in die Fantasiewelt abtauchen kann oder Ideen und Inspirationen für den nächsten Kochabend oder die kommende Reise findet.

TIPP

In der oberen Etage lohnt sich ein Blick ins imposante Treppenhaus mit kunstvollem Fensterglas.

- Boekhandel Donner, Coolsingel 129, 3012 AG Rotterdam, Tel. +31 (10) 413 20 70 www.donner.nl
- ÖPNV: Metro A, B, C, D, E, Tram 8, 23, 24, 125, Haltestelle Beurs

spanning
spanning

Träume und Hoffnungen

12 An der Spitze von Kop van Zuid

Schornsteine, die aus dem Boden ragen und an die eines Schiffes erinnern. Ein achteckiges, braunes Gebilde, darauf Koffer und Taschen sowie eine überdimensionale 3,5 Meter hohe Tür. Das sind nur einige Dinge, die es an der Spitze des Wilhelminapiers, dem Holland Amerikaplein, zu entdecken und zu bestaunen gibt. Allesamt erinnern sie an die einstige Bedeutung der Halbinsel Kop van Zuid: Rund 3 Millionen Europäer brachen im 19. und 20. Jahrhundert von dem früheren Hafenviertel in eine neue Welt auf. Sie nahmen Träume und Hoffnungen mit und ließen ihre Heimat hinter sich.

Daran soll das Kunstwerk „Lost Luggage Depot" des kanadischen Künstlers Jeff Wall erinnern: An all diejenigen, die weggingen, und es soll diejenigen willkommen heißen, die ankommen, egal wann und woher sie kommen. Ein Kunstwerk mit großer Aktualität.

2021 folgte mit „L'Âge d'Or" ein weiteres Kunstwerk, das an die Emigranten und die Zukunft in einer neuen Welt erinnert: Eine riesige offene Tür symbolisiert den Übergang von der alten zur neuen Welt und steht für Hoffnung, Träume und Chancen. Entworfen wurde sie vom britischen Künstler Gavin Turk. Sie steht direkt vor dem Hotel New York, einem Luxushotel, das sich seit den 1990er-Jahren im ehemaligen Gebäude der Holland Amerika Line befindet, eben der Reederei, mit deren Schiffen die Menschen in ihr neues Leben aufbrachen.

Symbolträchtiger kann die Spitze der Landzunge gar nicht gestaltet werden. Und wenn gerade ein Kreuzfahrtschiff am Wilhelminapier ablegt, guckt der ein oder andere dem Schiff sehnsüchtig hinterher und träumt von einer anderen Welt. Wer sich aber vom Blick lösen kann und um sich herumschaut, stellt fest, dass er an einem der schönsten Orte Rotterdams ist – mit modernen Wolkenkratzern im Rücken und der Aussicht auf die Maas. Ob man da die Leute auf dem Schiff überhaupt beneiden und von einer anderen Welt träumen muss?

- Holland Amerikaplein, Kop van Zuid, 3072 AP Rotterdam
- ÖPNV: Metro D, E, Haltestelle Wilhelminaplein

Immer der Nase nach

13 Die Gewürzmühle De Ster am Kralingse Plas

In der Luft hängt der Duft von Zimt und anderen Gewürzen. Langsam bewegen sich die Flügel der Mühle im Wind. Im Innern dreht das 3 Tonnen schwere Mühlrad ununterbrochen seine Kreise und macht aus duftenden Zimtstangen, Muskatnüssen, Senfkörnern und Pfefferkörnern fein gemahlene Gewürze. Ob dies 15 Minuten oder mehrere Stunden dauert, bestimmt ganz allein der Wind. Denn moderne Technik ist hier fehl am Platz. Die Gewürzmühle De Ster wurde zwar erst im Jahr 1969 gebaut, ist aber eine Reproduktion der ursprünglichen Mühle aus dem Jahr 1829, die durch einen Brand zerstört wurde.

Im Raum gleich nebenan riecht es nach Tabak statt nach Gewürzen. Denn hier wurde bis 2017 Tabak gemahlen. Aufgrund zu vieler Richtlinien lohnte sich der Verkauf jedoch nicht mehr, sodass dieser eingestellt wurde und der Raum nur noch zu Anschauungszwecken dient.

TIPP

Die Mühle ist geöffnet, wenn die Türen offenstehen.

Im oberen Stock wartet auf den Besucher, der die Mühle kostenlos besichtigen kann – ein freiwilliger Beitrag wird gerne gesehen –, weiteres Werkzeug, das zur Herstellung von Gewürzen benötigt wird. Eine kleine Ausstellung informiert zudem über verschiedene Mühlen und deren Bedeutung für das Land. Auf keinen Fall entgehen lassen sollte man sich den Ausblick von der Galerie der Mühle: Hier steht man direkt neben den imposanten Flügeln und hat zudem einen herrlichen Blick auf den Kralingse Plas, den See zu Füßen der Mühle. Ein wunderschöner Ort, um noch einmal tief einzuatmen, den Geruch der Gewürze in sich aufzunehmen und den Zauber zu spüren.

Hinaus geht es schließlich wieder durch den kleinen Laden, in dem die hier gemahlenen Gewürze und zusammengestellten Gewürzmischungen für Gebäck oder Fleisch liebevoll präsentiert werden und für die heimische Küche erworben werden können. Eine tolle Gelegenheit, um die ganz besonderen Aromen und einen Hauch Mühlennostalgie mit nach Hause zu nehmen.

- Stichting Molens aan de Kralingse Plas, Plaszoom 322, 3062 CL Rotterdam, Tel. +31 (6) 23 89 41 46, www.snuifmolens.nl
- ÖPNV: Metro A, B, C, Tram 7, Haltestelle Voorschoterlaan, ca. 15 Minuten zu Fuß

Hollywood-Flair

14 Das Internationale Filmfestival Rotterdam

Wenn über dem Eingang der Markthalle ein riesiger Tigerkopf leuchtet, auf den Käserädern im Käseladen ein Tigergesicht prangt und die kleinen Schwarz-Weiß-Zeichnungen in fast jedem Schaufenster und an jeder Ecke zu finden sind, ist es wieder so weit: Es ist Ende Januar und das International Film Festival Rotterdam, kurz IFFR, öffnet seine Türen.

Mehr als 300.000 Besucher strömen dann in die verschiedenen Kinos und Theater der Stadt und haben die Möglichkeit, sich Hunderte lange, mittellange und kurze Filme aus allen Teilen der Welt anzusehen. Aber nicht nur das: Nach dem Film besteht in der Regel die Möglichkeit, den Regisseuren Fragen zu den gerade gezeigten Werken zu stellen. Nicht selten sitzen diese mit im Saal und entpuppen sich als der Zuschauer, der die ganze Zeit neben einem gesessen hat. Legendär sind zudem die Partys am Abend und auch an die Kleinen wird mit besonderen Veranstaltungen für Kinder gedacht.

Gegründet wurde das Festival 1972 von Huub Bals als Festival Film International. Er wollte kleine, unbekannte Filme aus der ganzen Welt zeigen. Unabhängige und künstlerische Filme haben bis heute den Vorrang vor kommerziellen Filmen aus Hollywood. Das Festival war zunächst vor allem für alternatives Kino und Arthouse-Filme interessant. Heute ist es das größte Filmfestival der Niederlande und eines der größten publikums- und branchenorientierten Filmfestivals weltweit. Seit 1995 können die Filme einen Award mit Preisgeldern bis zu 40.000 Euro gewinnen. Der Publikumspreis ging schon an „Das Leben der Anderen" von Florian Henckel von Donnersmarck und an „Slumdog Millionaire" von Danny Boyle. Christopher Nolan gewann 1999 den Tiger Award mit „Following".

Wer in diesen Tagen durch die Stadt wandelt, wird also nicht umhinkommen, das Hollywood-Flair, das in der Stadt Einzug hält, zu spüren und sollte sich die Gelegenheit nicht entgehen lassen, der ein oder anderen Filmpremiere beizuwohnen und den nächsten Kinohit schon gesehen zu haben, bevor er in die Kinos kommt.

● International Film Festival Rotterdam, verschiedene Kinos und Theater, zum Beispiel De Doelen, Schouwburgplein 50, 3012 CL Rotterdam
www.iffr.com

INTERNATIONAL
FILMFESTIVAL
ROTTERDAM
Café

Ein Ausflug zum Mittelmeer

15 Der Strand Nesselande am Zevenhuizerplas

Man mag es kaum glauben, aber am nordöstlichen Zipfel von Rotterdam liegt das Mittelmeer. Egal, ob griechische, italienische oder spanische Insel, hier sind sie alle vereint: Formentera, Ibiza, Korsika, Kreta, Mallorca, Menorca, Rhodos, Samos, Santorin, Sizilien und Zypern liegen hier alle dicht beieinander – als Straßennamen im Neubaugebiet Nesselande. Doch was das Gebiet so mediterran macht, sind weniger die südeuropäischen Straßennamen als die Palmen und der 800 Meter lange Boulevard, der direkt an einen Sandstrand grenzt.
Hier kann man im Sommer herrlich flanieren, sich spontan auf der Bank niederlassen, ein Eis naschen und dem Geschehen zusehen. Hier genießen die Bewohner Rotterdams und Umgebung den Strand, lassen sich die Sonne auf den Bauch scheinen und springen hin und wieder zur Abkühlung in das Wasser des angrenzenden Sees. Der Zevenhuizerplas bietet zudem ausreichend Gelegenheit für Wassersport aller Art: Bei Wind sausen die weißen Segel der Segelboote über die Wasseroberfläche, Ruderer und Kanufahrer bewegen sich mit der eigenen Körperkraft vorwärts, Menschen auf SUP-Boards erkunden den See im Stehen oder dümpeln, gemütlich auf dem Board liegend, über das Wasser, dazwischen die bunten Segel der Windsurfer. Und wer sich für die Unterwasserwelt interessiert, taucht einfach in den See ab. Wer braucht da schon den Nordseestrand oder die mondänen Badeorte am Mittelmeer?
Einmal im Jahr wird es richtig ausgelassen am Strand: Dann startet das 3-tägige Festival Culinesse. Hier treffen Musik und Kulinarisches zusammen. Rotterdamer Restaurants bringen ihre Speisen an den Strand und versorgen die Besucher mit italienischen, französischen, spanischen, indonesischen sowie asiatischen Spezialitäten und Baristas sorgen für herrliche Kaffeegenüsse. Was 2013 mit einem kleinen Fest begann, ist heute eines der größten Festivals in der Region und die perfekte Gelegenheit, an einem lauschigen Sommerabend mit einem Glas Wein in der Hand das Leben zu genießen und der Musik zu lauschen.

- Strand Nesselande, Siciliëboulevard, 3059 XT Rotterdam
- ÖPNV: Metro B, Haltestelle Nesselande

E.H.B.O.

Ökologisches Juwel

16 Der Bauernhof Buytenhof

In dem 600 Hektar großen Landschaftspark Het Buijtenland van Rhoon südlich von Rotterdam liegt ein ökologisches Juwel. Wer hier vorbeikommt, wird von unzähligen Apfel- und Birnbäumen begrüßt. Bienen summen durch die Luft und sorgen dafür, dass hier alles seinen biologischen Gang geht und Äpfel wie Birnen zu reifen, vollen Früchten heranwachsen. Ist es so weit, wird das Obst zu Säften gepresst und in schmackhafte Chutneys verwandelt, die man am besten zu einem Stück Käse genießt.
Chutneys und Saft werden im eigenen Hofladen verkauft. Hier ist alles liebevoll hergerichtet und der Einkaufskorb füllt sich schnell mit lokalen Leckereien. Das flüssige Gold der Bienen weist je nach Saison einen anderen Geschmack auf. Im Frühjahr lassen sich Apfel- und Birnenblüten erschmecken und im Sommer ein Hauch von Klee. Das Gemüseangebot gibt alles her, was man für ein leckeres Mahl braucht. Zudem werden Käse, Brot und Mehl – wer sich gerne als Bäcker versuchen möchte, findet unterschiedlichste Backmischungen für Kuchen, Brot und Kekse – angeboten. Die Geschmacksrichtungen der Marmeladen unterscheiden sich je nach Saison: Im Frühjahr werden sie aus Rhabarber, im Sommer aus Erdbeeren, im Herbst aus Kürbis hergestellt und im Winter wird eine spezielle Wintermarmelade gezaubert. Und das Beste daran: Alles stammt von umliegenden Höfen oder lokalen Betrieben. So schmeckt es besonders gut.
Seit Ende des 19. Jahrhunderts gibt es den Bauernhof bereits. In den 1990er-Jahren hat die Familie den Ackerbau aufgegeben und baut seitdem nur noch Äpfel und Birnen an. Mittlerweile hat sich der Bauernhof zu einem sozialen und multifunktionalen Landbauunternehmen entwickelt. Hier ist Raum für Erwachsene mit geistiger oder psychosozialer Behinderung und neben dem Hofladen gibt es viele Möglichkeiten, als Freiwilliger einen Hauch Landleben zu erschnuppern oder Obst und Blumen selbst zu pflücken. Hier kann man den Jahreskreislauf hautnah erleben und seine Draußenzeit ganz neu gestalten.

● Boerderijwinkel, Rijsdijk 98, 3161 EW Rhoon, Tel. +31 (10) 3 12 28 50
www.debuytenhof.nl

De Smaak van Buyten
De Buytenhof
De Buytenhof
De Buytenhof
De Buytenhof
De Buytenhof
De Buytenhof
ROMIGE CHAMPIGNONSOEP
ZACHT & VOL VAN SMAAK
VEEL SOEPS
VEEL SOEPS
VESPERI
3,95
3,75
3,75

Der geheime Garten

17 Der Park Schoonoord

Im Schatten der Hochhäuser liegt unerwartet, beinahe unscheinbar, ein Kleinod inmitten der Stadt. Über eine Brücke betritt der Besucher ein grünes Paradies. Verschlungene Wege führen durch das Dickicht und das mächtige Blätterdach lässt alles in grünem Licht erstrahlen.
Bis zum 17. Jahrhundert war das Gebiet Weidefläche, die jedoch regelmäßig vom Wasser der naheliegenden Maas überschwemmt wurde. Nach der Eindeichung wurde in der ersten Hälfte des 18. Jahrhunderts ein Landgut angelegt, das 1816 den Namen Schoonoord bekam, was so viel wie schöner Ort bedeutet. Es bestand aus einem Herrenhaus, einem Kutscherhaus, Stallungen, einem Gärtnerhaus und einem Teehaus mit einer Kuppel.
Der heutige Garten wurde jedoch erst 1860 von Architekt Zocher im Stil des englischen Landschaftsgartenbaus geschaffen. Seit den 1970er-Jahren ist der 1,2 Hektar große Park für die Öffentlichkeit zugänglich und wird heute von einer Stiftung verwaltet. Seit dem Jahr 2000 steht der Garten unter Denkmalschutz und ist somit sicher vor zukünftigen Bauplänen, die seine Existenz schon das ein oder andere Mal bedroht haben.
Eine Libanon-Zeder aus dem Jahr 1860, eine 200 Jahre alte Buche, Sumpfzypressen, Mammutblatt, Eiben, Japanischer Ginkgo, Feigenbaum, Trompetenbaum, Flügelnuss und ein amerikanischer Tulpenbaum sorgen für Urwald-Feeling. Mehr als 1000 verschiedene Pflanzen beherbergt der Garten. Und so befindet man sich in einer anderen, verwunschenen Welt. Die Großstadt Rotterdam verstummt und man ist eins mit den alten Bäumen, die einen umarmen und Geborgenheit spenden. Moosbewachsene Steine und wasserspeiende Frösche schaffen eine märchenhafte Atmosphäre. In den Teichen ziehen Japanische Karpfen gemächlich ihre Kreise, das Wasser eines Bachlaufs plätschert einen kleinen Wasserfall herab und auf den Bänken sitzen Liebespaare und andere Besucher, die in ein Buch vertieft sind oder das süße Nichtstun genießen.

- Historische Tuin Schoonoord, Kievitslaan 8, 3016 CG Rotterdam
www.tuinschoonoord.nl
- ÖPNV: Tram 8, Haltestelle Kievitslaan

TAXODIUM

Paradies für Naschkatzen

18 Die Bäckerei Urban Bakery

Früh am Morgen, wenn große Teile der Stadt noch schlafen, zieht bereits der Duft von Schokolade, Zimt und anderen Zutaten durch die Voorburgstraat im Norden Rotterdams. Das heißt, bei Urban Bakery laufen die Öfen heiß und es wird gebacken. Jeden Tag frisch. Um 7 Uhr geht es los, dann wird gemixt, geknetet, geformt und verziert. So kommt es, dass um halb 10, wenn der Laden öffnet, alles frisch und liebevoll angerichtet im Verkaufsraum nebenan steht.
Gebacken wird am liebsten mit dem, was die Saison gerade hergibt. Im Sommer sind dies Früchte wie Himbeeren, Erdbeeren und Rhabarber. Im Herbst kommt Kürbis zum Einsatz und im Winter werden aus eingekochten Quitten herrliche Cupcakes gezaubert und Christstollen nach deutschem Rezept gebacken. Auf Konservierungsmittel wird dabei gänzlich verzichtet.
Seit 12 Jahren gibt es Urban Bakery und damit herrlichen Schokoladenkuchen, leckeren Möhrenkuchen, saftigen Cheesecake, wahnsinnige Scones mit Ingwer und Pekannüssen und je nach Saison eben Torten mit Früchten oder Kürbis. Urban Bakery ist keine klassische niederländische Bäckerei, sondern hat ihren ganz eigenen Stil. Ein bisschen amerikanisch, ein bisschen englisch, ein bisschen französisch und ein bisschen niederländisch. Denn der typische niederländische Apfelkuchen, die *appeltaart,* darf natürlich nicht fehlen.
Neben den herrlichen Cupcakes, Kuchen und Torten gibt es auch weitere Leckereien wie Kekse, getrockneten Ingwer, selbst gemachte Marmelade – und wie es sich für eine Bäckerei gehört – auch Brot. Langweilig wird es nie, denn immer wieder kommen neue Kreationen hinzu. Dazu wird zunächst ein Rezept gesucht, dieses ausprobiert und angepasst. Bevor ein neues Backkunstwerk in den Laden kommt, wird es also mehrmals gebacken und optimiert, sodass der Kunde am Ende nur das leckerste Ergebnis erhält. So gibt es immer wieder etwas Neues zum Probieren, zum Schlemmen, zum Genießen – in diesem Paradies für Naschkatzen.

- Urban Bakery, Voorburgstraat 217–219, 3037 ER Rotterdam, Tel. +31 (10) 7 51 13 80 www.urbanbakery.nl
- ÖPNV: Tram 4, Haltestelle Eudokiaplein; Tram 125, Haltestelle Walenburgerweg

+1
DIEPVRIES
VOOR DE
PRIJS!

Alles schwankt

19

Das Maritimmuseum

Beim Betreten des Museums wird direkt geschaut, wer seetauglich ist. Nein, niemand muss mit einem Boot auf wogenden Wellen einschiffen, aber möglicher Seegang wird auf eine eindrucksvolle Art und Weise an einer meterhohen Wand simuliert: Hier schwingen Kronleuchter von links nach rechts, ein Steuerrad dreht sich wild im Kreis und Schiffsglocken schwanken hin und her. Davor ein Rettungsboot in Knallorange, auf dem zahlreiche Kinder herumklettern. Sowieso ist das Museum ein Paradies für Kinder, können sie doch auf echten Schiffen herumtoben und auf einer simulierten Bohrinsel, ausstaffiert mit Rettungsweste und Helm, zahlreiche Aufgaben erledigen, wofür sie mit Punkten belohnt werden. Auch Erwachsene bekommen hier Eindrucksvolles zu sehen: In den oberen Etagen hängen kleine und imposante Gemälde namhafter Künstler. Aber es werden nicht nur die Bilder ausgestellt, sondern anhand dieser Kunstwerke wird die Geschichte und Entwicklung der Seefahrt veranschaulicht: vom Mittelalter über die Kolonialzeit und die Entstehung der Dampfschifffahrt bis hin zum Beginn des 19. Jahrhunderts und weiter in die Moderne. Insgesamt zählt das Museum mehr als eine halbe Million Exponate, darunter Drucke, Karten und Zeichnungen. Und das Highlight des Museums: 20 Schiffe. Diese liegen vor den Türen des Museums im Wasser und können besichtigt werden: Das Schiff Annigje bietet einen riesigen Laderaum und der Besucher erfährt in einem Film viel Wissenswertes über den Rotterdamer Hafen. Auf der Gruno können Gäste, egal ob klein oder groß, sich an Seemannsknoten versuchen. Hier hängen zahlreiche Taue und Zeichnungen, die die einzelnen Knoten erklären. Für echte Seemänner und -frauen bietet das Museum zudem Fahrten auf einigen der Schiffe an. Wer lieber an Land bleibt, bekommt aber auch ausreichend geboten: Wenn man von Schiff zu Schiff schlendert und die Wellen der vorbeifahrenden Boote diese leicht zum Schaukeln bringen, kommt dies dem Seefahrt-Feeling schon ziemlich nah.

TIPP

Neben der Dauerausstellung gibt es tolle interaktive Wechselausstellungen.

- Maritiem Museum, Leuvehaven 1, 3011 EA Rotterdam, Tel. +31 (10) 4 13 26 80
  www.maritiemmuseum.nl
- ÖPNV: Metro A, B, C, D, E, Tram 8, 23, 24, 125, Haltestelle Beurs

A FLOATING PRODUCTION PLATFORM. CAN THAT BE DONE?
Oil has been found, but the oil field is so small – or is so far from shore – that installing a fixed productionplatform would cost more money than it would bring in. But you would still like to extract this oil too. What would be a smart solution?
TRAINEE
bluewater
PL-L10-PAC
PL-L10-PAR

Schokoladenliebe

20 Der Schokoladenladen De Bonte Koe in Schiedam

Schiedam ist von Rotterdam aus sicher eine Reise wert. Hier ist das ursprüngliche Holland zu finden: schiefe Backsteinhäuser, Grachten, die die Stadt durchziehen, und seit gut 30 Jahren gibt es ein ganz besonderes Highlight, den Schokoladenladen De Bonte Koe. Wo einst Genever gebrannt wurde, werden heute leckerste Kreationen aus Schokolade hergestellt. Kleine Pralinen mit Marzipan, Irish Coffee, Gin, Pistazien oder Haselnuss und auch ausgefallene Kreationen mit Tee, Sternanis, Malzwein, Muskatnuss und eine Praline mit dem edlen Namen Französische Rose.

Gerade diese ausgefallenen Kreationen haben dafür gesorgt, dass De Bonte Koe zu einem Phänomen geworden ist. Begonnen hat alles 1992 mit der Liebe zur Schokolade. Zunächst wurden nur kleine Geschenke für Verliebte hergestellt. Auf Wunsch der Einwohner wurde ein Laden eröffnet, in dem man heute herrliche Pralinen, Schokoladentafeln, Trinkschokolade, Schokoladenpaste, Kakaolikör, Schokostreusel, Müsli und vieles mehr kaufen kann – dekorativ angerichtet auf einfachen Metallregalen. Denn der Industriecharme steht hier klar im Vordergrund: Die unverputzten Wände zeigen den rohen Backstein und über allem hängt der Duft von Schokolade und Kakao.

TIPP

Wer nicht genug kriegen kann: In Rotterdam und Den Haag gibt es weitere Läden.

Ebenso im Vordergrund steht Nachhaltigkeit. Zudem ist De Bonte Koe Mitglied der Cocoa Horizons Foundation – einer Stiftung, die Wert auf Transparenz bei der Produktion von Kakao legt. Auf diese Weise ist gewährleistet, dass die Menschen, die an der Herstellung beteiligt sind, mit Geld und Bildung unterstützt werden. So kann man ganz beruhigt naschen, denn sobald man den Laden betritt, läuft einem das Wasser im Munde zusammen, und bei der Vielfalt an Pralinen in der Theke weiß man gar nicht, wo man zuerst hinsehen und probieren möchte. Auf jeden Fall sollte man hier für einen Moment nicht über Zucker und Kalorien nachdenken und sich einfach der zarten Versuchung hingeben. Auch Veganer brauchen sich nicht zurückzuhalten, denn es gibt vegane und laktosefreie Kreationen.

- De Bonte Koe, Lange Haven 54, 3111 CH Schiedam, Tel. +31 (10) 4 73 27 51
www.debontekoe.nl
- ÖPNV: Tram 21, 24, Haltestelle Koemarkt

Skyline zwischen roten Bögen

21 Ein Blick von der Willemsbrug auf die Skyline

65 Meter ragen die roten Masten der Willemsbrug über der Nieuwe Maas in den Himmel. So hoch, dass sie sogar in einiger Entfernung hier und da zwischen den Wolkenkratzern und Häusern hervorblitzen. „Golden Gate Bridge von Rotterdam“ wird die Schrägseilbrücke auch genannt, denn mit ihrer roten Farbe erinnert sie an die bekannte Brücke in San Francisco. Eine erste Willemsbrug wurde Ende des 19. Jahrhunderts errichtet und nach König Willem II. benannt. 1981 wurde dann die heutige Brücke eröffnet und die alte Willemsbrug einige Jahre später abgerissen.

Vor allem am Abend, wenn sie von Scheinwerfern erleuchtet wird, bietet die Stahlkonstruktion einen tollen Anblick. Dann sollte man sich auf den Weg machen und das 356 Meter lange Bauwerk erklimmen, denn von dort hat man einen wunderschönen Blick auf die Skyline bei Nacht. Am rechten Ufer fällt zwischen den modernen Wolkenkratzern das Witte Huis ins Auge. Dass es einst das höchste Gebäude der Stadt war, vermag man kaum zu glauben angesichts der Bauwerke, von denen es heute umgeben ist. Das lang gezogene Bürogebäude Willemswerf war schon Kulisse im Blockbuster „Jackie ist Nobody“ und in der Ferne ist der Euromast zu erkennen. Am linken Ufer schaut man auf die schönen Fassaden der Häuser auf dem Noordereiland und vor allem das Hulstkampgebouw, Ende des 19. Jahrhunderts erbaut und einst Herberge für Fabrik, Destillerie und Museum, erstrahlt in glänzendem Licht. Ebenso wie die Erasmusbrücke, eines der Wahrzeichen der Stadt, die wegen ihrer Form auch „der Schwan“ genannt wird.

Überhaupt glänzt und glitzert die Stadt. Warmes gold-weißes Licht verleiht der Skyline pure Gemütlichkeit und man fragt sich, was wohl gerade hinter den Fenstern vor sich geht, warum die Büros um diese Zeit noch beleuchtet sind. Und während unter einem der Fluss dahinfließt, versteht man ohne Zweifel, warum Rotterdam „Manhattan an der Maas“ genannt wird und dass auch diese Stadt wohl niemals schläft.

● Willemsbrug, Rotterdam
● ÖPNV: Metro A, B, C, Tram 21, 24, Haltestelle Blaak; Bus 32, Haltestelle Willemswerf

willemswerf
BREITLING

Stille genießen

22 Am Ufer der Schie im Ortsteil Overschie

Schmale Straßen mit kleinen, roten Backsteinhäusern säumen die Pflasterstraßen im Stadtteil Overschie ganz im Westen von Rotterdam. Im historischen Ortskern sieht es aus wie in einem typisch niederländischen Dörfchen und so liegt der Stadtteil wie ein kleines Dorf mitten in der Weltstadt Rotterdam. Die brausende und lebendige Innenstadt liegt gefühlt weit entfernt, Wolkenkratzer sind hier nicht zu sehen und auch die Hektik der Innenstadt fehlt.

Man fühlt sich ein bisschen, als wäre man in der Zeit zurückgereist. Dabei ist die große Kirche beispielsweise noch gar nicht so alt. Sie wurde erst 1901 gebaut, nachdem ihre Vorgängerin 1899 nach einem Blitzeinschlag niedergebrannt war. Das großzügige Gotteshaus wurde im Stil der Neogotik errichtet und sein Turm mit einer großen und einer kleinen Zwiebel ist von der alten Kirche inspiriert. Das Innere ist größtenteils noch so, wie es zu Beginn des 20. Jahrhunderts eingerichtet wurde und wird von warmem Holz dominiert. Besonders schön und für jeden stets zugänglich ist der Platz hinter der Kirche. Hier kann man im Schutz des mächtigen Kirchengebäudes am Ufer des Flusses Schie sitzen. Vor einem zieht das Wasser vorbei, Enten lassen sich treiben und auf der anderen Seite erstrecken sich grüne Weiden. Einst gab es auf diesem Gewässer einen Liniendienst. Dazu wurden Schiffe von Pferden oder Menschen von einem Leinpfad am Ufer aus über das Wasser gezogen. Ab dem 16. Jahrhundert wurde dieser Verkehr von den Gemeinden Delft, Rotterdam und Schiedam geregelt. Im 19. Jahrhundert wurde er dann größtenteils durch Dampfschiffe ersetzt. Heute ist der Trubel am Kanal verschwunden. Das Wasser zieht ruhig vorbei, Spaziergänger nutzen den Weg entlang des Ufers. Es ist absolut still, nur das monotone Brummen der Autobahn in der Ferne zeugt davon, dass man nicht allein auf der Welt und fernab jeglicher Zivilisation ist, sondern lediglich einen wunderschönen Platz gefunden hat, innezuhalten und die Stille zu genießen.

- Overschiese Dorpsstraat 95, 3043 CP Rotterdam
- ÖPNV: Bus 40, Haltestelle De Lugt

Hochprozentige Bibliothek

23 Library of Spirits

Meterhoch bis unter die Decke ziehen sich die Regale in der Library of Spirits. Die oberen Fächer sind nur mit einer Leiter zu erreichen. Diese lehnt gleich an den Regalen und lässt sich, wie es für eine Bibliothek typisch ist, an den Regalwänden hin- und herschieben. Gefüllt sind die riesigen Regalflächen hier jedoch nicht mit Büchern, sondern mit Flaschen. Ungefähr 10.000 müssen es sein, gezählt hat sie allerdings keiner. Gefüllt sind die bunten Buddeln mit Likören aus aller Welt und sämtlichen Spirituosen, die man sich vorstellen kann. 3000 verschiedene Produkte sind in der Library of Spirits erhältlich, einzuteilen in 25 verschiedene Sorten. Dazu zählen eine kleine Auswahl an Weinen, Portwein, Sherry und Wermut, Rum, Whisky und Bier von einer Rotterdamer Brauerei sowie einige alkoholfreie Getränke, darunter Gin und Zutaten, die man für Cocktails und Longdrinks benötigt, wie Tonic und Tomatensaft.
Entstanden ist dieser einzigartige Laden aus dem Traum des Besitzers. Er führte zunächst einen kleineren Laden, träumte aber schon immer von einer Bibliothek der Spirituosen. Als schließlich das heutige Ladenlokal mit den passenden hohen Wänden frei wurde, konnte er 2017 seinen Traum verwirklichen. Unterstützt wird er dabei von begeistertem Personal, das sich ausgesprochen gut auf dem Gebiet der Spirituosen auskennt und den Kunden mit Rat und Tat zur Seite steht, wenn es darum geht, das passende Getränk zu finden oder zu erklären, wie man den ein oder anderen Cocktail zaubert.
Allerdings kann man sich darauf erst konzentrieren, wenn sich das Wow-Gefühl, das jeden beim ersten Betreten des Ladens überwältigt, ein wenig gelegt hat und man nicht mehr mit dem Kopf im Nacken staunend dasteht, sondern sich zumindest für einen Moment von diesem Anblick, von diesem Fest der Flaschen, losgerissen hat.

- Library of Spirits, Oude Binnenweg 111 b, 3012 JB Rotterdam, Tel. +31 (10) 313 09 42 www.libraryofspirits.com
- ÖPNV: Metro A, B, C, Tram 4, 8, Haltestelle Eendrachtsplein

Library of Spirits
LIBRARY of SPIRITS
SPECIAL RELEASES 2022
DISCOVER
ELUSIVE EXPRESSIONS
SCAN TO
ST-GERMAIN
DELICE DE SUREAU
THAT'S THE SPIRIT!
KEEP YOUR GIN UP
BACARDÍ

Lummerland in der Maas

24 Die Insel Van Brienenoord

Die weiße Bogenbrücke, die die Autobahn A16 über die Maas führt, kennt jeder in Rotterdam. Dass sich darunter aber ein kleines Paradies befindet, wissen die wenigsten. Anfang des 19. Jahrhunderts entstand durch Verschlammung einer Sandbank eine Insel, die einige Jahrzehnte später von einem Baron gekauft und nach ihm benannt wurde: das Eiland van Brienenoord. Zwei Berge gibt es hier zwar nicht, aber nachdem die einstige Bewaldung der Insel im Zweiten Weltkrieg verloren ging, bietet sie heute wieder ein wundervolles Naherholungsgebiet. Unter den mächtigen Pfeilern der Autobahnbrücke befindet sich ein Priel, der während der Flut mit Wasser gespeist wird. Bei Ebbe zieht sich das Wasser zurück und es bleiben Schlickflächen, auf denen fliegende Bewohner ihre Fußspuren hinterlassen. Hochlandrinder grasen auf den Weideflächen und in der Paarungszeit wandern zahlreiche Kröten über die Insel zu einem Krötenteich.
Besonders schön ist die westliche Seite der Insel. Hier werden die Geräusche der Autobahn leiser und der Besucher kann zur Ruhe kommen. An ihrer Spitze befindet sich der Waterwoud, ein Wasserwald. Bei dieser Konstruktion handelt es sich um eine doppelte Aussichtsplattform. Zum einen geht es hinauf und es eröffnet sich ein wunderbarer Blick auf den Fluss, die vorbeifahrenden Schiffe und die Skyline der Stadt. Zum anderen geht es hinab Richtung Wasseroberfläche – sofern das Wasser nicht gerade von der Ebbe hinausgezogen wird. Dann kann man Butterblumen und Süßwassermuscheln bestaunen und dem Strom der Gezeiten ganz nah sein.
Unweit befindet sich ein ehemaliges Dock, das heute als Teich fungiert. Hier wurden in den 1960er- und 1980er-Jahren die Tunnel für die Metro aus Beton gefertigt, anschließend das Dock geflutet und die Teile über die Maas an die richtige Stelle geschleppt. Heute bieten Stege und Bänke auf dem Wasser einen herrlichen Platz, um die Natur ringsherum zu genießen, dem Wind in den Bäumen zu lauschen und die Fülle des Lebens zu spüren.

- Eiland van Brienenoord, Van Brienenoord, 3077 AE Rotterdam
- ÖPNV: Tram 23, Haltestelle Stadion Feyenoord

Kulinarische Weltreise

25 Die Foodhallen auf Kop van Zuid

Zwischen hohen, modernen Wolkenkratzern liegt auf der Halbinsel Kop van Zuid ein Juwel, das an längst vergangene Tage und die einstige Funktion des Stadtteils erinnert. Roter Backstein, grüne, offenstehende Türen an den Fenstern der oberen Etage und die Namen Borneo, Celebes, Java und Sumatra. Bei dem 1937 nach einem Brand wieder aufgebauten und nach dem Zweiten Weltkrieg erweiterten Gebäude handelt es sich um ein ehemaliges Speicherhaus, das bis in die 1980er-Jahre von der Firma Pakhuismeesteren van de Thee genutzt wurde. Diese wurde 1818 gegründet und hatte damals den Teehandel der niederländischen Ostindien-Kompanie übernommen und handelte später auch mit Petroleum.

Nachdem das Gebäude nicht mehr genutzt wurde, stand es lange Zeit leer und wurde schließlich ab 2015 restauriert und umgebaut. Heute beherbergt es neben Appartements auch ein kulinarisches Highlight: die Foodhallen. Im Erdgeschoss des einstigen Speicherhauses werden an zwölf Ständen die Geschmäcker und Aromen aus aller Welt gefeiert: Dim Sums und Baos aus China, Sushi aus Japan, koreanische Streetfood-Kultur, Tacos, Burritos, Bowls und Churros aus Mexiko, Burger aus regionalem Rindfleisch gefertigt, Frühlingsrollen aus Vietnam, japanische Currygerichte, surinamische Spezialitäten, spanische Tortillas, Meeresfrüchte und Hotdogs. Und natürlich dürfen in einem Speicherhaus, in dem einst Waren aus Indonesien gelagert wurden, indonesische Gerichte nicht fehlen. Dazu Craftbier, internationale Weine, Cocktails und Gin Tonics.

Betonpfeiler und offene Rohre verleihen der Halle einen industriellen Charakter, der an die vergangenen Tage des Gebäudes erinnert und es geht geschäftig zu, genauso wie es das Streetfood-Konzept verspricht. Dennoch versprühen das Farbkonzept und das stimmungsvolle Licht eine gemütliche und warme Atmosphäre, in der man lange verweilen will und hofft, dass die kulinarische Weltreise niemals endet.

- Foodhallen Rotterdam, Wilhelminakade 58, 3072 AR Rotterdam www.foodhallen.nl/venues/rotterdam
- ÖPNV: Metro D, E, Haltestelle Wilhelminapier

HOTEL
COFFEE
CORNER
CALL us now
0642458071
celebrate
FLAVORS

Romantischer Hafen

26 Das Hafenbecken Veerhaven

Zwischen Westzeedijk, Maastunnel und Erasmusbrücke liegt der Vorzeigestadtteil von Rotterdam, das Schifffahrtsquartier. Im 19. Jahrhundert am Reißbrett geplant, waren hier die reichen Reeder und Händler zu Hause und auch heute wohnt hier, wer Geld und Einfluss hat.
Man kann auf einem breiten Boulevard zwischen ordentlich gesetzten Bäumen entlangflanieren und das Panorama der Nieuwe Maas, des Schiffsverkehrs und der Wolkenkratzer auf Kop van Zuid genießen. Prächtige Herrenhäuser und stuckverzierte Prachtbauten mit allegorischen Figuren erfreuen das Auge. Die Fenster des ehemaligen Bürogebäudes der Reederei Van Uden zeigen Schiffe sowie andere maritime Symbole, und das Gebäude der königlichen Ruder- und Segelvereinigung De Maas wurde wunderschön im Jugendstil erbaut.
Dazwischen plätschern Hausboote und Jachten im Wasser des Veerhavens. Dieser verdankt seinen Namen dem Fährdienst, der bereits im 15. Jahrhundert Passagiere und später auch Fahrzeuge nach Katendrecht brachte. Bis zur Eröffnung der Willemsbrug war dies die einzige Verbindung zwischen Nord- und Südufer der Nieuwe Maas. Erst Ende der 1960er-Jahre, als die Metro eröffnet wurde, wurde er eingestellt. Zudem ist er Startpunkt einer jährlichen Segelregatta und sogar eine Etappe des weltbekannten Ocean Race endete hier. Viel wichtiger aber für den normalen Besucher, der nicht mit seinem eigenen Boot anlegen will: Er gilt als romantisches kleines Hafenbecken. Ein herrlicher Ort für einen kurzen Spaziergang um das Becken herum oder für eine Auszeit auf einer der Bänke unter den Schatten spendenden Bäumen. Ein herrlicher Ort, um sich die Sonne ins Gesicht scheinen zu lassen, den Geräuschen der Takelage zu lauschen oder um den fünf Herren am Kopf des Hafenbeckens Gesellschaft zu leisten. Den Büsten einflussreicher und wohlhabender Rotterdamer, die in diesem Viertel gewohnt haben und nun Tag für Tag den Blick auf das kleine Hafenbecken genießen dürfen.

- Veerhaven, 3016 CJ Rotterdam
- ÖPNV: Tram 7, Haltestelle Westplein

LOTOS
HD 160

Kunst meets Bar

27 Die Witte de Withstraat

Wenn es Nacht wird, wird es voll auf der Witte de Withstraat im Herzen von Rotterdam. Hier reihen sich Kneipen und Bars aneinander. Man steht mit dem Glas Bier oder Wein in der Hand auf dem Bürgersteig oder genießt im Innern Cocktails und Co. Die Straße, benannt nach dem Admiral Witte Corneliszoon de With, ist einer der Hotspots zum Ausgehen in Rotterdam und zählt zu den hippsten und lebendigsten Straßen der Stadt.

Und wo am Abend und in der Nacht die Kneipengänger das Leben genießen, flanieren am Tage die Kunstliebhaber. Denn neben Kneipen und Bars befinden sich auch zahlreiche Galerien in den Häusern entlang der Straße. In den 1970er-Jahren hatte sie wegen zwielichtiger Lokale und illegalem Wettspiel einen schlechten Ruf. Dies änderte sich jedoch, als sie in den 1990er-Jahren Teil der Kunstachse wurde, da die Straße das Maritimmuseum mit dem Museumpark verbindet.

Mehrere Galerien zeigen Kunst und veranstalten Performances oder Debatten und arbeiten mit anderen Kunsteinrichtungen zusammen. Seit 1990 befindet sich im Haus Witte de Withstraat 50 das Kunstinstitut Melly. Im Jahr werden mehrere Ausstellungen gezeigt, für die Kunstwerke aus der ganzen Welt zusammengetragen werden. Ausgestellt werden neben Gemälden und Skulpturen auch neue Darstellungsformen wie Videokunst, Installationen und Performances, die politische, soziale und philosophische Themen aufgreifen. Zudem gibt es Gespräche, Filmvorführungen und Symposien. So können Besucher voll und ganz in die Welt der Kunst eintauchen.

Zum Wiederauftauchen bietet sich anschließend ein Besuch in einem der zahlreichen Lokale an. Wie wäre es mit einem leckeren Glas Bier in der Bierboutique, einem Cocktail im Witte Aap, dem weißen Affen, oder einem Besuch beim De Zondebok en 't Zwarte Schaap, dem Sündenbock und schwarzen Schaf? Egal, für welches Lokal man sich entscheidet: Hier kann man das Rotterdamer Nachtleben hautnah erfahren, bis spät in die Nacht mit Freunden zusammensitzen und im Jetzt leben.

- Witte de Withstraat, Rotterdam
- ÖPNV: Metro A, B, C, D, E, Tram 8, 23, 24, 125, Haltestelle Beurs; Metro A, B, C, Tram 4, 8, Haltestelle Eendrachtsplein

COOL
WITTE
HOSTEL
SHOARMA
Duvel

Das gewisse Etwas

28 Der Laden Anna + Nina

Das gewisse Etwas soll ihr Schmuck haben, sagen die Gründerinnen Anna und Nina. Und das hat er sicherlich. Aber nicht nur der Schmuck, der ganze Laden an der Pannekoekstraat in Rotterdam hat das gewisse Etwas. Alles scheint knallbunt zu sein und doch ist der Raum keinesfalls überladen. Trotz des vielfältigen Angebots wirkt alles ruhig und geordnet. Kerzen zieren nach Farbe sortiert die einzelnen Regalfächer, auf einem Regal liegen Bücher und Notizhefte akkurat nebeneinander und im hinteren Teil ist ein Tisch dekoriert, mit allem, was man zum Speisen braucht. Teller, Gläser, Kerzenständer, Teelichter, alles ist bei Anna + Nina erhältlich und will am liebsten sofort mitgenommen werden, so schön ist jeder einzelne Gegenstand.

Im vorderen Teil des Ladens wird der Schmuck in historisch anmutenden Schränken mit Vitrinenfächern präsentiert. Jede Kollektion hat einen speziellen Charakter und ist oftmals von Reisen nach Thailand, Bali und Indien inspiriert. Die reichen Farben und verschlungenen Details dieser Kulturen sind auf jeden Fall wiederzuerkennen. Anna und Nina wollen Schmuck kreieren, der eine *Je-ne-sais-quoi*-Qualität hat, wie sie es nennen. Dafür verwenden sie Silber, Gold, Süßwasserperlen, Alabaster und Messing. Hergestellt wird der Schmuck im Atelier in Amsterdam. Dort hat auch alles begonnen und wurde der erste Laden eröffnet. Mittlerweile gibt es mehrere Geschäfte in verschiedenen Städten. Seit 2022 kommen auch die Rotterdamer in den Genuss, die herrliche und einzigartige Auswahl direkt vor der Haustür bestaunen zu können.

Aber nicht nur ihre eigenen Kollektionen kann man im Laden finden. Es ist auch Raum für andere Designer. So gibt es eine Zusammenarbeit mit Liberty in London, Kleidung von Ganni und die Deko- und Einrichtungsgegenstände stammen ebenfalls von anderen Labels. Ein Angebot, an dem man sich kaum sattsehen kann und das groß genug ist, um hier eine Weile zu stöbern und sich selbst von den tollen Schöpfungen inspirieren zu lassen.

● Anna + Nina, Pannekoekstraat 20 a, 3011 LG Rotterdam, Tel. +31 (20) 7 00 88 23
www.anna-nina.nl
● ÖPNV: Tram 7, 8, Haltestelle Meent

Das Badezimmer des Landes

29 Der Maastunnel

Wer die markanten Eingangsgebäude des Maastunnels betritt oder, wie die Einheimischen es tun, mit seinem Rad befährt, wird gleich gefangen genommen von einem Hauch Nostalgie. Die Ventilation rauscht, die Rolltreppe knarrt. Denn sie ist über 75 Jahre alt und aus Holz. Aber bis heute bringt sie Radfahrer und Fußgänger auf einer Länge von 43 Metern hinab unter den Fluss, sodass sie diesen trockenen Fußes unterqueren können. Die Handbremse sollte dabei fest angezogen sein. Kaum ist man unten angekommen, schwingt sich ein jeder auf den Sattel und macht sich auf zum gegenüberliegenden Ufer, fliegt vorbei an den typischen Kacheln, mit denen der Tunnel verkleidet ist. Weiß-gelblich sind sie und verleihen dem Tunnel den Spitznamen „Längstes Badezimmer der Niederlande“.

Ende des 19. Jahrhunderts war das Verkehrsaufkommen in Rotterdam zu groß für die Willemsbrug und die Koninginnebrug, die damals einzigen Brücken über die Nieuwe Maas. Täglich schoben sich Hunderttausende Fußgänger sowie Tausende Handkarren und Kutschen über die Brücken, sodass im Jahr 1900 ein erster Tunnel vorgestellt wurde. Die Steigung in und aus dem Tunnel war jedoch zu viel für die Kutschen, sodass stattdessen zunächst ein Fährdienst aufgenommen wurde. In den 1920er-Jahren wurde schließlich doch entschieden, einen Tunnel zu bauen. 1937 wurde mit dem Bau begonnen und im Februar 1940 das erste Teil abgesenkt. Denn der Tunnel ist ein sogenannter Absenktunnel, der erste seiner Art in den Niederlanden. Das heißt, dass keine Röhre gegraben wird, sondern mehrere Elemente ins Wasser gelassen und dort miteinander verbunden werden. Im Februar 1942 wurde der Tunnel schließlich feierlich eröffnet und gehört noch heute zu einer der wichtigsten Verkehrsverbindungen in der Stadt.

Nach knapp 600 Metern haben Radfahrer und Fußgänger die andere Seite Rotterdams erreicht und lassen sich mit den hölzernen Treppen wieder ans Tageslicht befördern, bevor sie der Vergangenheit entschwinden und ihrem Ziel weiter entgegenfahren.

- Maastunnel Noord, Parkkade 30, 3016 GN Rotterdam
- Maastunnel Zuid, Charloisse Hoofd 25, 3087 CA Rotterdam

Zu Gast bei Matrosen

30 Das Restaurant De Matroos en het Meisje

Es war 1945, als ein Matrose auf dem Times Square in New York ein fremdes Mädchen küsste und ein Fotograf, der die Szene zufällig sah, ein Foto schoss. Ein Foto, das um die Welt ging und unter anderem auf Katendrecht in Rotterdam verewigt wurde. Denn hier befindet sich das Restaurant De Matroos en het Meisje, der Matrose und das Mädchen. Und im blau-weißen Logo ist die Kussszene festgehalten. Auch wenn diese heute umstritten ist, könnten Logo und Name kaum besser gewählt sein. Denn Katendrecht war einst das düsterere Hafenviertel von Rotterdam, eine Art Freistaat, in den sich niemand traute und in dem viele Chinesen lebten. Und ebendiese Geschichte vom schummrigen Hafenviertel, von chinesischen Traditionen wird im Innern des Restaurants aufgegriffen. Der Holzfußboden knarzt wie Schiffsplanken und die Wände sind mit blau-weißen Fliesen verkleidet, die halb nackte Frauen und chinesische Schriftzeichen zeigen. Abbildungen Rotterdamer Sehenswürdigkeiten wie die SS Rotterdam, die Erasmusbrücke und der Euromast sorgen für Lokalkolorit, während fliegende Gabeln, Löffel und Weingläser daran erinnern, dass man sich in einem Restaurant befindet.

Wie die Inneneinrichtung bereits zeigt, handelt es sich hier nicht um ein gewöhnliches Lokal. Und das wird auch deutlich, wenn man nach der Speisekarte fragt. Denn diese gibt es nicht. Am Tag wird nur ein bestimmtes Menü angeboten und der Gast kann (neben Unverträglichkeiten) lediglich angeben, wie viele Gänge er genießen möchte. Dann machen sich die meist jungen Köche an die Arbeit und zaubern ihre Kreationen auf den Teller. Bei den derzeitigen Chefköchen ist die Küche modern und auf übermäßige Verzierungen wird verzichtet.

Ein perfekter Ort, um sich überraschen zu lassen, was auf den Teller kommt, und großartige Speisen in einem besonderen Ambiente zu genießen, das es so kein zweites Mal gibt.

- De Matroos en het Meisje, Delistraat 52, 3072 ZL Rotterdam, Tel. +31 (10) 2 15 27 64 www.dematroosenhetmeisje.nl
- ÖPNV: Metro D, E, Haltestelle Rijnhaven; Bus 77, Haltestelle Lombokstraat

Gras auf dem Dach

31 Der Dachpark im Viertel Delfshaven

Dass die Niederländer äußerst kreativ sind, was Architektur betrifft, haben sie vielerorts bewiesen: Gebäude, die um bestehende Bäume herumgebaut werden, damit diese nicht gefällt werden müssen, Häuser, die aussehen wie gekippte Würfel oder ein Hotel, das scheinbar aus einzelnen übereinandergestapelten Häusern besteht. 2013 ist in Rotterdam ein neues architektonisches Meisterwerk hinzugekommen: der Dachpark. Auf dem Dach eines neu erbauten Einkaufszentrums befindet sich seitdem der angeblich größte öffentliche Park Europas. Es wurden Bäume und Sträucher gepflanzt sowie Grünflächen angelegt. So liegt das Shoppingcenter heute wie ein großer grüner Deich im Viertel Delfshaven und zieht sich über 1 Kilometer an der Straße mit historischen Wohnhäusern entlang. Der Dachpark ist auf Initiative der Anwohner entstanden, die zudem am Entwurf und der Umsetzung beteiligt waren. Und auch nach der Fertigstellung sind sie eng mit dem Dachpark verbunden: Es gibt einen Gemeinschaftsgarten für die Anwohner und verschiedene Gruppen, die unterschiedliche Projekte betreuen. Der Garten wird gepflegt, man kümmert sich um einen Bienenstock und einen Insektengarten, in dem das ganze Jahr über blühende Pflanzen zu finden sind. Es werden Veranstaltungen organisiert und Führungen über den Dachpark angeboten.

Aber die Grünfläche dient nicht nur den Anwohnern, jeder darf hier vorbeikommen, um einen kleinen Spaziergang zu machen, Sonne zu tanken, die Wiesen und Grillplätze zu nutzen und den herrlichen Blick auf den Rotterdamer Hafen zu genießen. Highlight des Dachparks ist die Wassertreppe: In einzelnen Fontänen sprudelt Wasser aus dem Boden empor und läuft anschließend über eine Art Treppe hinab. Die Kleidung der hier spielenden Kinder bleibt nicht lange trocken und auch der ein oder andere Erwachsene kühlt seine Füße an heißen Sommertagen nur allzu gerne im erfrischenden Wasser.

- Dakpark, Hudsonstraat, 3025 CE Rotterdam
  www.dakparkrotterdam.nl
- ÖPNV: Tram 18, Haltestelle Van Duylstraat;
  Metro A, B, C, Haltestelle Delfshaven

Seefahrtströdel

32 Schiffszubehör und Antiquarisches bei Observator

Das Knarzen der Treppe erinnert an die Holzplanken eines alten Segelschiffs. Und auch die sehr geringe Breite vermittelt das Gefühl, in den Bauch eines Schiffes hinabzusteigen. Fast wundert man sich, dass das Gebäude nicht leicht zu schaukeln beginnt.
Im Untergeschoss stapeln sich Bücher über Bücher. Sie sind in Regale einsortiert, liegen auf einer riesigen Lesetafel, auf einem kleinen Tisch und sind in Kartons auf dem Boden aufgetürmt. Sie erzählen von kühnen Abenteuern auf dem Meer, zeigen Segelschiffe oder informieren über die Geschichte der Seefahrt. Dazwischen nautische Instrumente und moderne Seekarten. Im Laden Observator gibt es alles, was Freizeitkapitäne, Bootsliebhaber und Seefahrtsinteressierte begehren. Das Angebot lässt sich kaum mit wenigen Worten zusammenfassen. Es gibt alles, was an Bord eines Schiffes gebraucht wird, aber auch viele maritime Sammlerstücke. So sind hier nautische Uhren, elektronische Geräte sowie aktuelle Seekarten von niederländischen Binnengewässern und europäischen Gewässern ebenso erhältlich wie alte Öllampen, Schiffsmodelle und nautische Grafiken, Poster von Schiffen und Stadtansichten. Gegründet wurde das Geschäft 1905 auf Initiative der Reederei Holland Amerika Line. So konnten die Schiffe aus dem eigenen Laden beliefert und mit Nachschub versorgt werden. Während zwischen den 1940er- und 1960er-Jahren auch nautische Geräte hergestellt wurden, konzentrierte man sich ab den 1970er-Jahren neben der Seefahrt zusätzlich auf Binnenschifffahrt und Wassersport. 1996 haben die heutigen Eigentümer den Laden übernommen, der sich nach einigen Jahren außerhalb der Stadtmauern heute nur 100 Meter von der Stelle entfernt befindet, an der alles begann, und der das Seefahrerherz nach über 100 Jahren noch immer höherschlagen lässt. Hier kann man stundenlang alte Postkarten durchsehen, an Bücherregalen vorbeistreifen und überlegen, welche nautischen Gegenstände die Inneneinrichtung ergänzen sollen.

- Observator, Van der Takstraat 218, 3071 LM Rotterdam
  www.observator.nl
- ÖPNV: Bus 32, Haltestelle Koninginnebrug

BRITISH ADMIRALTY

Bei Neptun und Merkur

33 Der Innenhof des Rathauses

Die Mitarbeiter des Rathauses, die ein Büro mit Aussicht auf den Innenhof haben, können sich glücklich schätzen. Schauen sie von der Arbeit auf, fällt ihr Blick durch die grünen Sprossenfenster auf eine kleine Oase der Ruhe. An der roten, mit Ornamenten verzierten Backsteinfassade rankt Wein empor und im Hof wachsen Buchsbaumhecken, Palmen, Spalierbäume und die kegelförmigen Blütenbälle der weißen Rispenhortensien wiegen im Wind hin und her. In der Mitte des Hofes plätschert gemächlich das Wasser über einen Brunnen des Bildhauers Simon Miedema – ein Geschenk der umliegenden Gemeinden Vlaardingen, Schiedam und Maassluis zur Eröffnung des Rathauses 1920. Nicht weit vom Brunnen entfernt thronen die römischen Götter Merkur und Neptun.

Nicht nur Mitarbeiter des Rathauses können sich an diesem Anblick und dem idyllischen Innenhof erfreuen. Regelmäßig bietet er die Kulisse für Fernsehinterviews, da diese wegen des pittoresken Erscheinungsbildes des Hofs gerne hier gehalten werden. Aber auch Ruhesuchende werden sich auf dem kleinen Platz wohlfühlen. Er ist durch zwei Seiteneingänge in der Stadhuisstraat und dem Doelwater oder durch das Rathaus für die Öffentlichkeit zugänglich.

Wer ihn durch das Amtsgebäude betritt, kommt zudem in den Genuss, die eindrucksvolle Eingangshalle aus Marmor und eine imposante Treppe, Statuen und Buntglasfenster zu bestaunen. Und das alles unter einer mächtigen Kuppel. Ein Bild, das man sich nicht entgehen lassen sollte, ist das Rathaus doch eines der wenigen Gebäude, das die Bombardierung von 1940 überlebt hat. Es wurde von 1914 bis 1920 im Stil der Neorenaissance erbaut und weist zudem eine bezaubernde Fassade und einen 70 Meter hohen Turm mit einem mehrstimmigen Glockenspiel auf.

Wer sich an der beeindruckenden Architektur sattgesehen hat, tritt in die kleine Oase, nimmt auf einer der weißen Bänke Platz und kann von hier dem Klang der Glocken lauschen.

- Stadhuis Rotterdam, Coolsingel 40, 3011 AD Rotterdam
- ÖPNV: Metro D, E, Tram 21, 23, 24, Haltestelle Stadhuis

Skifahren ohne Schnee

34

Das Sportzentrum Outdoor Valley in Bergschenhoek

Dass die Niederländer verrückt sind nach Wintersport, mag der ein oder andere schon mal vernommen haben. Dass diese Leidenschaft aber so groß ist, dass sie einen Hügel, auf dem weit und breit kein Schnee zu sehen ist, mit Skiern oder Snowboard hinunterfahren, überrascht dann doch. Genau dies geschieht vor den Toren Rotterdams: Beim Outdoor Valley stürzen sie sich wagemutig den grünen Abhang hinunter. Nein, es wird nicht direkt auf der Grünfläche gefahren. Der Hügel ist mit grünen Kunststoffmatten ausgelegt, die an Fußmatten mit Kunststoffborsten erinnern. Gleich nebenan rutschen die Kinder auf riesigen aufgeblasenen Ringen den Hang hinab. Während es hier auf einer Art Fließband den Hügel hinaufgeht, werden die „Wintersportler“ mit einem echten Schlepplift heraufgebracht. Schnell die Halterung gegriffen, in den Rücken geklemmt und schon gleiten die Sportler gemütlich hinauf.

Seit 1991 kann man an dieser Adresse Ski fahren und 2018 fusionierte das Outdoor Ski & Fun Centrum mit dem Outdoorsportzentrum Outdoor Valley gleich um die Ecke. Wer also weniger Lust auf Skifahren hat, sich aber gerne sportlich betätigen will, kann sich hier ohne Probleme austoben. Es wuselt von Menschen in Sportklamotten, Gruppen laufen im Gänsemarsch über eine Brücke, um sich auf der anderen Seite an diversen Sportgeräten zu verausgaben. Wasserratten können ein Kanu leihen und die umliegenden Gewässer erkunden, und wer ein ruhiges Händchen hat, kann seine Künste beim Bogenschießen unter Beweis stellen. Für alle, die hoch hinaus wollen, wartet der Monte Cervino: ein künstlicher Felsen mit mehreren Kletterwänden im Innen- und Außenbereich. Bis zu 30 Meter geht es hinauf. Damit ist der Monte Cervino der höchste künstliche Kletterberg in den Niederlanden, auf dem sowohl außen als auch innen geklettert werden kann.

Hier wird man schnell von der Abenteuerlust gepackt und will sich am liebsten überall gleichzeitig austoben. Wie gut, dass man immer wiederkommen kann.

- Outdoor Valley Wintersport, Rottebandreef 10, 2661 JK Bergschenhoek, Tel. +31 (10) 5 22 07 55, www.outdoorvalleywintersport.nl
- Outdoor Valley, Hoeksekade 141, 2661 JL Bergschenhoek, Tel. +31 (10) 5 22 13 80 www.outdoorvalley.nl

Blonder Kraken

35 Die Stadshaven-Brauerei

Octopus Blond, Piranha Tripel und mutige Seemänner auf dem Etikett – das sind nur einige der Biere der Stadshaven Brouwerij. Wo einst exotische Früchte gelagert wurden, fließt heute Bier durch riesige Rohre – von den Tanks direkt an die Theke. Das erste Bier wurde im Februar 2021 gebraut und einige Monate später öffnete die Gastronomie ihre Türen. Denn die Stadshaven Brouwerij bietet mehr als nur Gerstensaft: Hier kommen erstklassiges Bier, eine hervorragende Küche und ein einzigartiges Gastronomieerlebnis zusammen.

Schon beim Betreten steigt einem der Geruch von Hopfen und Malz in die Nase und der Blick fällt auf die großen silbernen Tanks, in denen die nächsten 4000 Liter entstehen. Gemütliche Sitzbereiche laden zum Verweilen und Genießen ein und der nackte Industriecharme der rohen Betonsäulen erinnert an die reiche Geschichte der Halle. Und so tun es auch die Biere: Es gibt drei fruchtige Biere mit einem Hauch von Blutorange, Grapefruit und Mango, die von der einstigen Funktion der Halle inspiriert sind. Zudem gibt es Pils, India Pale Ale, Tripel und Porter. Und es werden weitere Biere hinzukommen. Immerhin ist die Brauerei mit 2 Millionen Litern pro Jahr die zweitgrößte unabhängige Craftbier-Brauerei in den Niederlanden. Zudem wird hier eigenen Angaben zufolge das nachhaltigste Bier der Stadt gebraut: Die Abfallprodukte des Brauprozesses gehen unter anderem an einen lokalen Bauern und einen Bäcker und finden ihren Weg schließlich als Milch und Brot wieder in die Brauerei, wo sie in der Küche verarbeitet werden. Brauerei und Gastronomie werden durch Sonnenenergie betrieben und man sucht nach Möglichkeiten, auch das Wasser, das beim Brauen übrig bleibt, weiter zu nutzen. So kann man ohne schlechtes Gewissen köstlichen Gerstensaft oder einen einzigartigen Biercocktail – hier treffen Bier und klassische Cocktails aufeinander – genießen und erhält gleichzeitig einen Einblick in die Geschichte des Hafens und den Brauprozess.

TIPP

Auf einer Führung erfährt man viel Wissenswertes über die Herstellung des Bieres.

- Stadshaven Brouwerij, Galileïstraat 24, 3029 AM Rotterdam, Tel. +31 (10) 3 07 68 38, www.stadshavenbrouwerij.nl
- ÖPNV: Metro A, B, C, Haltestelle Marconiplein; Tram 21, 24, Haltestelle Het Witte Dorp

BOCK RAMMER
DOUBLE BOCK
STADS HAVEN
BROUWERIJ
OCTOPUS BLOND
FEARLESS BREWERS
STADS HAVEN
CONQUER THE KUMQUATS AND

Fotografisches Erbe

36 Das Niederländische Fotomuseum

Den Anfang macht ein kleines Mädchen mit Korkenzieherlocken, das nicht einmal zu atmen scheint. Es ist die Tochter des niederländischen Fotografen Eduard Isaac Asser, einem Pionier in der niederländischen Fotografie. Es folgen eine Stadtansicht Rotterdams, eine Straßenszene in Amsterdam, das Selbstporträt einer nackten Frau, erste Fotografien in Farbe: eine Braut in der Ukraine, eine Nahaufnahme von Nick Cave, ein Stillleben mit Milch – 99 Bilder haben es in die Dauerausstellung, die Ehrengalerie des niederländischen Fotomuseums geschafft. 99 Bilder, die gesellschaftlichen und künstlerischen Einfluss hatten und für die niederländische Fotografie von Bedeutung sind.

Die Fotos vermitteln nicht nur die Entwicklung der Fotografie in den Niederlanden, sondern spiegeln auch die Geschichte des Landes wider. So zeigen die Bilder historische Ereignisse und Alltagsleben, die Geschichte der Kolonien und dramatische Szenen aus der Zeit des Zweiten Weltkriegs. Zugegeben, glücklich machen viele der einzelnen Fotos nicht, aber auf diese Art und Weise gleichermaßen durch die Geschichte der Fotografie und die eines Landes zu streifen, ist beeindruckend.

Das Fotomuseum ist 2003 aus dem Zusammenschluss des Niederländischen Fotoinstituts, des Niederländischen Fotoarchivs sowie des Nationalen Fotorestaurierungsateliers entstanden und beherbergt seitdem nach eigener Aussage das fotografische Erbe des Landes. Neben der Dauerausstellung sind zahlreiche Wechselausstellungen zu sehen, mit denen Fotografen eine Plattform geboten wird und sie ihre Geschichten mit dem Publikum teilen können.

5,6 Millionen Dias, Negative und Abzüge befinden sich derzeit in der Kollektion und jedes Jahr kommen durch Schenkungen, Nachlass und Ankauf weitere hinzu. Und auch die Ehrengalerie wird immer und immer wieder mit neuen Fotos gespeist. Denn am Ende des offenen Rundgangs können die Besucher ein eigenes Bild hinzufügen und so selbst Teil der Geschichte werden.

- Nederlands Fotomuseum, Statendam 1, 3072 AR Rotterdam, Tel. +31 (10) 2 03 04 05, www.nederlandsfotomuseum.nl
- ÖPNV: Metro D, E, Tram 20, 23, 25, Haltestelle Wilhelminaplein

Grünes Herzstück

37 Die Gärten von Trompenburg Tuinen & Arboretum

Hortensien, Kamelien, Farn, Stechpalme, fette Henne, Dahlien, Wolfsmilch, riesige Silberpappeln, Sanddorn, 700 Sorten Rhododendron, jahrzehntealte Eichen und Buchen und die größte Anzahl an Funkien in den Niederlanden: Wer durch die Gärten von Trompenburg Tuinen en Arboretum streift, erlebt auf 8 Hektar ein botanisches Paradies. Der älteste Teil der Anlage ist 200 Jahre alt und war einst der Garten Villa Trompenburg und im Privatbesitz der Familie Van Hoey Smits. Diese verkaufte Villa und Garten in den 1950er-Jahren und nach und nach wurden der Grünfläche weitere Teile hinzugefügt, die seit 1996 der Öffentlichkeit zugänglich sind und alle in einem anderen Stil angelegt wurden: Neben dem Garten im englischen Stil gibt es im *perenhof* einen alten Birnbaum und der *voedseltuin,* Versuchsprojekt als Alternative zum Landbau, wird nahezu sich selbst überlassen.
Hier wandelt der Besucher über Steinplatten und moosbewachsene Brücken durch den wohl wildesten Teil der Anlage. Das Gewächshaus ermöglicht einen Ausflug nach Afrika, Amerika und auf die Kanaren, denn hier wachsen Kakteen und Fettpflanzen aus verschiedenen Teilen der Welt. Im Garten Excelsior liegt hinter einem Eisentor versteckt gar ein kleiner Urwald. Hier schimmert das Licht grün durch die Blätter und auch wenn man die Straße außerhalb dieses Paradieses erkennen kann, fühlt man sich hier weit von der Großstadt und jeglicher Zivilisation entfernt.
Die Anlage ist ein Herzstück mitten in der hektischen Großstadt, ein perfekter Ruhestifter und eine Kraftoase – ein Ort, um durchzuatmen und den Zauber der Natur zu genießen, egal zu welcher Jahreszeit: Während der Garten im Frühjahr in strahlendem Grün erwacht und die Pflanzen ihre bunten Blütenkelche öffnen, ist die Farbenpracht im Herbst erfüllt von gelben und roten Blättern und selbst im tiefsten Winter blüht hier noch die ein oder andere Pflanze.

● Trompenburg Tuinen & Arboretum, Honingerdijk 86, 3062 NX Rotterdam,
Tel. +31 (10) 2 33 01 66, www.trompenburg.nl
● ÖPNV: Tram 21, 24, Haltestelle Woudestein

Goldener Nachbar

38

Ein Blick auf die Brücke De Hef

Zugegeben, die Brücke Koninginnebrug zählt nicht zu den besonders sehenswerten Brücken in Rotterdam. Da gibt es andere. Allen voran das Wahrzeichen der Stadt, die Erasmusbrücke, die rote Willemsbrug oder die Eisenbahnbrücke Koningshavenbrug, die direkt neben der Koninginnebrug liegt. Und eben dieser ansehnliche Nachbar sorgt dafür, dass auch die 1229 eröffnete Klappbrücke Koninginnebrug einen Besuch wert ist: Vor allem in der Nacht, wenn die stillgelegte Eisenbahnbrücke mit dem Spitznamen De Hef hell erleuchtet ist und die Stahlträger gelb-golden leuchten, bietet sich hier ein wunderschöner Anblick, der aufgrund der Konstruktion aus zahlreichen Stahlstreben an den Eiffelturm in Paris erinnert.
1918 rammte ein deutsches Schiff den Pfeiler der Drehbrücke, die zuvor an gleicher Stelle stand. Schon mehrmals hatten sich Schiffe an der viel zu engen Durchfahrt festgefahren. Zeit für eine neue Brücke. So wurde ab 1925 das heutige Modell gebaut und 2 Jahre später eröffnet. Die 550 Tonnen schwere und 70 Meter hohe Brücke war die erste ihrer Art in Westeuropa: Um die Durchfahrt für den Schiffsverkehr freizugeben, wird der mittlere Teil der Brücke nicht etwa, wie bei anderen Brücken üblich, geklappt oder gedreht. Stattdessen wird er zwischen zwei mächtigen Pfeilern nach oben gezogen. Dort schwebt er seit 1993 – außer bei schwerem Sturm. In besagtem Jahr ging die Bedeutung der Eisenbahnbrücke verloren. Der Willemspoortunnel wurde eröffnet und die Züge werden seitdem unter dem Wasser von Ufer zu Ufer geleitet. Pläne, die Brücke abzureißen, haben sich glücklicherweise nicht durchgesetzt. Stattdessen steht die Brücke, die im Zweiten Weltkrieg schwer beschädigt, aber schnell wieder aufgebaut wurde, heute unter Denkmalschutz. So können wir bei Tag und bei Nacht einen Blick auf die beeindruckende Konstruktion werfen, deren Spitzname De Hef übrigens vom niederländischen Wort *heffen* (anheben) stammt.

- Koninginnebrug, 3071 JW Rotterdam
- ÖPNV: Bus 32, Haltestelle Koninginnebrug

Eine Seefahrt, die macht satt

39

Eine Fahrt mit dem Pfannkuchenboot

Je näher die Abfahrt kommt, desto voller wird es auf dem Anleger. Kinder drängeln sich nach vorne und auch die Erwachsenen begutachten neugierig das Schiff, das sie gleich über die Nieuwe Maas in Rotterdam schippern wird. Dann ist es so weit. Per Klemmbrett wird den Gästen ihr Tisch zugeteilt, die Besucher strömen an Bord und machen es sich am zugewiesenen Platz gemütlich. Leicht wird das Boot von den Wellen vorbeifahrender Schiffe hin- und hergewiegt. Auf dem Achterdeck steigen die Düfte aus der Küche empor, die Großartiges versprechen.

Dann werden die Leinen gelöst, das Schiff verlässt den Anleger und nimmt Fahrt auf die Nieuwe Maas. Kurz darauf beginnt ein weiteres Highlight: Das Pfannkuchenbüfett ist eröffnet. Denn diese Rundfahrt durch Rotterdam ist keine gewöhnliche Tour, sondern bietet etwas ganzes Besonderes: Pfannkuchen all you can eat.

Schon stehen die Gäste im unteren Deck Schlange und können zwischen Pfannkuchen naturell oder solchen mit Apfel oder Speck wählen. Dann geht's weiter zum individuellen Belegen. Von süß bis herzhaft ist alles dabei: Bananen, Ananas, eingelegte Kirschen, kleine Marshmallows, Schokostreusel, bunte Zuckerperlen, Rumrosinen, gekochte Eier, Kochschinken und Käse sind nur einige Dinge, die ganz nach eigenem Geschmack auf dem Pfannkuchen landen. Zurück am Tisch wird nicht nur der herrliche Teigfladen genossen – der hier übrigens zusätzlich noch mit dem für die Niederlande typischen Sirup garniert werden kann –, sondern auch das Panorama auf Rotterdam. Vom Wasser aus bietet sich noch einmal ein ganz anderer Blick: Wer Glück hat, kann am Kreuzfahrtterminal eines der Schiffe von der Wasserseite aus betrachten, dann geht es unter dem Wahrzeichen der Stadt, der Erasmusbrücke, hindurch und am Noordereiland vorbei, bevor das Schiff kehrtmacht und nach 75 Minuten an den Anleger zurückkehrt, wo die Gäste es satt und voller neuer Eindrücke von einer atemberaubenden Metropole verlassen.

- Pannenkoekenboot Rotterdam, Parkhaven 13, 3016 GM Rotterdam, Tel. +31 (10) 4 36 72 95, https://rotterdam.pannenkoekenboot.nl
- ÖPNV: Tram 8, Haltestelle Euromast; Metro A, B, C, Haltestelle Coolhaven; Bus 44, Haltestelle 's-Gravendijkwal

Van Gilse
Poeder
SUIKER

Genüsse mit Kulisse

40 Der Alte Hafen

Das Wasser plätschert sanft gegen die Kaimauer. Oben auf der Terrasse wird gequatscht, gelacht, angestoßen. Man genießt das Leben. Die Restaurants, Cafés, Kneipen und Diskotheken am Oude Haven, dem Alten Hafen, zählen zu den wichtigsten Adressen in Rotterdam, um abends auszugehen. Hier kann man einen Sommerabend ausklingen lassen und dabei auf dümpelnde Schiffe gucken oder die Nacht in einem der zahlreichen Clubs und Diskotheken durchtanzen. Aber auch tagsüber hat man Gelegenheit, herrliche Lunchgerichte zu genießen oder Kaffee und Kuchen zu schlemmen – mit Blick auf ein klein wenig Geschichte. Zwar tanzen im Wasser heute nur noch Hausboote, aber einst war dieser Hafen von großer Bedeutung. Bereits Mitte des 14. Jahrhunderts soll hier der erste Steg angelegt worden sein. Somit ist der Hafen einer der ältesten Häfen der Stadt, einigen Quellen nach sogar der älteste. Zu Beginn des 17. Jahrhunderts ging hier der spanische Marquis Ambrosio Spinola an Land. Ein Ereignis von scheinbar großer Bedeutung, denn etwa 30 Jahre später erhielt die Gasse, an der sich heute die Restaurants befinden, den Namen Spaansekade. Während die Gebäude an dieser Hafenseite neueren Datums sind und in den 1980er-Jahren von dem Architekten Piet Blom konzipiert wurden, steht am anderen Ufer ein Juwel vergangener Tage: Das Witte Huis war bei seiner Fertigstellung im Jahr 1898 mit mehr als 40 Meter Höhe der erste Wolkenkratzer Europas und mit zwei Aufzügen, elektrischem Licht und Zentralheizung eine Innovation. Es ist eines der wenigen Gebäude, das die Bombardierung im Zweiten Weltkrieg überlebt hat. So können sich seine Betrachter heute noch an dem Bauwerk im Art-Nouveau-Stil, seiner Fassade aus glasiertem Backstein und zahlreichen allegorischen Figuren erfreuen. Dazu gibt's in einem der Restaurants ein kühles Bier, ein prickelndes Glas Wein und ganz nach spanischem Vorbild Krebs und Fischgerichte oder auch heimische Menüs. Kostenlos und unvergleichlich ist die Freude an der historischen Kulisse.

● Oude Haven, 3011 WB Rotterdam
● ÖPNV: Metro A, B, C, Tram 21, 24, Bus 32, Haltestelle Blaak

CALEX
WOWCRAB

Zwei Geschwister

41 Das alte und das neue Luxor-Theater

Die Nacht legt sich über die Stadt. Dunkel wird es jedoch nicht. Die Lichter der Gebäude verleihen der Metropole in der Nacht einen besonderen Glanz. Auch das Neue Luxor-Theater strahlt mit seinen Nachbarn um die Wette. Auf hellem weißem Licht prangt in schwarzen Lettern der Name und macht deutlich: Es ist Zeit für Theater, Konzert und Show. Hunderte Menschen strömen auf den Eingang zu und freuen sich auf die Vorstellung am Abend. Bevor sie ihre Plätze im Saal einnehmen, werfen sie einen Blick aus der Fensterfront auf die erleuchtete Erasmusbrücke, auf die glänzende Stadt am anderen Ufer der Maas. Dort liegt, hinter den Wolkenkratzern verborgen, das ältere Geschwisterlein dieses modernen Theaters, das alte Luxor-Theater. Es wurde 1917 von zwei Unternehmern als Kino gebaut und war mit über 1100 Sitzplätzen das größte Lichtspielhaus im ganzen Lande. Dicker Teppich und schwere Polstersessel empfingen die Besucher. Nach dem Krieg wurde es auch für Theatervorstellungen genutzt. Da die Schouwburg, das städtische Theater, den Krieg nicht überstanden hatte, wurde es zu einem vielseitigen Unterhaltungstheater umgebaut. Es folgen große Produktionen und 1962 steht Edith Piaf auf der Bühne des Saals.

Doch es kommt der Wunsch nach einer größeren, moderneren Bühne. So wird 2001 das Neue Luxor-Theater eröffnet. Hier ist Raum für große Produktionen, für Musicals wie „Les Misérables“, für Varieté und Cabaret, für Konzerte, Oper und Tanz.

Und so schauen die Besucher unbewusst hinüber zum kleinen, älteren Theater und landen beim nächsten Besuch vielleicht genau dort. Aber eigentlich ist es egal, in welches der beiden Häuser es den Zuschauer verschlägt. Immer verspricht der Besuch einen geselligen Abend voller Kultur und die Möglichkeit, die Lachmuskeln zu trainieren oder in die Welt von Show und Musical abzutauchen.

● Oude Luxor Theater (Kruiskade 10, 3012 EH Rotterdam) und Nieuwe Luxor Theater (Posthumalaan 1, 3072 AG Rotterdam), Tel. +31 (10) 4 84 33 33, www.luxortheater.nl
● ÖPNV: Metro D, E, Haltestelle Stadhuis (Oude Luxor) oder Wilhelminaplein (Nieuwe Luxor)

ENTREE

Wie Phönix aus der Asche

42 Die Fenix Food Factory

Wie Phönix aus der Asche stehen sie da: die zwei ehemaligen Lagerhallen Fenix I und Fenix II auf Katendrecht. Der einen ist kaum noch anzusehen, dass es sich um eine einstige Lagerhalle handelt, thront auf der Halle doch mittlerweile ein Apartmentkomplex. Fenix II wird gerade zum Auswanderungsmuseum umgebaut. Einst bildeten die beiden Hallen – in den 1920er-Jahren mit dem Namen San Franciscoloods als Lagerhalle der Holland Amerika Line gebaut – mit einer Länge von 360 Metern eine der längsten Lagerhallen der Welt. Hier wurde das Gepäck der Auswanderer bis zur Verschiffung gelagert. In den 1950er-Jahren wurde die Halle durch ein Feuer zerstört, der Mittelteil stürzte ein und die beiden erhaltenen Teile wurden als Fenix I und Fenix II neu aufgebaut.

So erklärt sich auch der Name eines ganz besonderen Ortes im Erdgeschoss von Fenix I: Die Fenix Food Factory. 2014 von einigen Food-Verrückten gegründet, ist es ein Ort, an dem man probieren, erleben, einkaufen und entdecken kann. Beim Bäcker gibt es köstliches Brot, das nur aus Basiszutaten gebacken wird, beim Käsestand Rohmilchkäse aus eigener Produktion, eine Bierbrauerei stellt Biere mit gewagten Rezepten her und verkauft herrliche Geschmackskreationen sowie zeitgemäße Craftbiere. Wer lieber auf Wein statt auf Bier setzt, findet am Weinstand natürliche Weine mit einem fantastischen Geschmack aus ganz Europa. Und Leseratten können in einem Buchladen stöbern. Mit der gekauften Lektüre, einem Glas Wein oder Bier und einem Leckerbissen geht es dann nach draußen auf eine der Picknickbänke, um hier die Getränke und Speisen zu genießen, in das neue Buch einzutauchen oder um die Skyline Rotterdams zu bewundern. Wer Glück hat, ergattert einen der Plätze direkt am Wasser des Rijnhavens und kann hinüber zum Hotel New York sehen oder die Erasmusbrücke zwischen den Wolkenkratzern entdecken, während das Wasser des Beckens leise an die Kaimauer schwappt und Wein und Käse einem den Tag versüßen.

- Fenix Food Factory, Nico Koomanskade 1025, 3072 LM Rotterdam, Tel. +31 (10) 2 18 08 53, www.fenixfoodfactory.nl
- ÖPNV: Metro D, E, Haltestelle Rijnhaven; Bus 77, Haltestelle Lombokstraat

FENIX FOOD FACTORY

Zum Urpsrung

43

Der Fluss Rotte

Ein Damm im Fluss Rotte. So ist die Millionenstadt entstanden und zu ihrem Namen gekommen. Zwar fließt der Fluss bis heute in die Stadt hinein, ist dort jedoch wenig bedeutungsvoll und kann mit der mächtigen Nieuwe Maas sowieso nicht konkurrieren. Sein Reiz liegt viel mehr außerhalb Rotterdams. Hier bietet die Rotte ein erstklassiges Naherholungsgebiet für Spaziergänger, Radfahrer und Bootsausflügler.
Bei schönem Wetter zockeln unzählige kleinere und größere, schlichte oder gut ausgestattete Boote über die Rotte und die Rottemeeren, wie der Flusslauf an einer besonders breiten Stelle heißt. Die Fahrgäste lassen ihre Beine ins Wasser baumeln und genießen ein kühles Glas Wein, während sie vom Käpt'n durch die grüne Idylle geschippert werden.
An den Ufern des Flusses tummeln sich Radfahrer und Fußgänger, die hier ebenfalls die Seele baumeln lassen wollen und dabei einiges geboten kriegen: Entlang der Rotte sind zahlreiche Kunstwerke zu finden, wie zum Beispiel drei Säulen aus Eisen, die zusammen „Ritme van Drie“ (Rhythmus der Drei) bilden und von der Künstlerin Lon Pennock geschaffen wurden. „Hortus Conclusus“ heißt hingegen das Kunstwerk von Berkman en Janssens, das eine Gruppe von weißen Tieren, einen Zaun aus Stahl und Siebdruckfliesen mit Motiven von Tieren und Pflanzen aus der Gegend zeigt und gleichzeitig einen Tunnel verschönert. Von hier ist es gar nicht mehr weit bis zum Ursprung der Rotte, direkt an der gleichnamigen Mühle De Oorsprong. Mühlen bestimmen das Bild der Rotte sowieso, denn mit ihnen wurde der Polder trocken gehalten. Älteren Datums ist auch die Bleiswijkse Verlaat, eine Schleuse aus Holz aus dem Jahr 1722.
So sind sie an der Rotte alle vereint: Freizeitkapitäne, Radfahrer, Spaziergänger, Naturfreunde, Geschichtsliebhaber und Kunstinteressente – vereint in dem Gedanken, draußen zu sein und ein kleines Paradies auf Erden zu genießen.

● Rotte, Kooilaan, 2665 KR Bleiswijk

Schatztruhe der Kreativität

44 Der Laden Swan Market

Schon von draußen fallen die kleinen quietschgrünen Moosbällchen ins Auge. Sie schwimmen in großen und kleinen Gläsern, mal allein, mal in Gesellschaft. Marimos heißen sie und stammen aus Japan. Dort werden sie als Zeichen der Liebe verschenkt und bringen Glück. So gibt es in einem kleinen, liebevoll gezeichneten Buch gleich noch eine passende Legende, eine romantische Geschichte über eine verbotene Liebe, dazu. Aber das ist längst nicht alles, was es im Swan Market zu entdecken gilt. Wer das ganze Sortiment aufzählen will, wird eine Weile beschäftigt sein: Karten mit lustigen Sprüchen, Schmuckdöschen, Taschen, Bilder, Fotografien und Drucke, Kleidung für die Allerkleinsten und die Älteren, Wohnaccessoires wie Kissen und Decken, Dekogegenstände, Haarspangen, Schlüsselanhänger und ohne Ende Schmuck. Hier lässt sich von einer einfachen Kette bis hin zu einem vergoldeten Armreif alles finden.

Und alles strotzt vor Kreativität. Denn das ist das Motto des Ladens: „Where creatives meet". Und die Idee dahinter? Ganz einfach: Jeder kann mitmachen und seine selbst gefertigten Produkte zum Kauf anbieten. Auch eingekaufte Dinge dürfen hier weiterverkauft werden. Einzige Bedingung ist, dass die Gegenstände authentisch und nicht an jeder Straßenecke zu finden sind.

Begonnen hat alles im Jahr 2010 mit dem Swan Market, einem Lifestylemarkt in Rotterdam Noord in der Straße Zwanshaals. Dieser Schwanenhals gibt dem Markt und dem Laden bis heute seinen Namen. Was klein begann, wurde schnell zu einem Begriff in Rotterdam und zu einem Event mit etwa 200 kreativen Ausstellern und 6000 Besuchern. Der Markt wurde in weiteren Städten organisiert und 2015 mit dem Pop Up Store in Den Haag ein erster Laden eröffnet. Es folgten weitere Geschäfte im ganzen Land, darunter Swan in Rotterdam.

Wer den Laden betritt, wird aus dem Staunen nicht mehr herauskommen und sollte sich ausreichend Zeit nehmen, durch diese Schatztruhe der Kreativität zu stöbern.

● Swan Market, Oude Binnenweg 137, 3012 JD Rotterdam, Tel. +31 (10) 7 37 07 08
www.swanmarket.nl
● ÖPNV: Metro A, B, C, Tram 4, 8, Haltestelle Eendrachtsplein

Legendärer Apfelkuchen

45

Das Café Dudok

Wo früher Akten geschoben und Versicherungen abgeschlossen wurden, eilen heute Kellner mit Apfelkuchen von Tisch zu Tisch. Auf der großen Lesetafel türmen sich Zeitschriften und Zeitungen. Ihre Leser tauchen ab in die neusten Nachrichten und Geschehnisse in der Welt oder sind in spannende Reportagen vertieft, sodass sie von der Geschäftigkeit um sie herum wenig mitbekommen. Ihren Apfelkuchen haben sie längst verzehrt, denn der ist ein Muss, gilt er doch für viele als der beste des Landes.

Seit 1991 kann man diesen am Meent, wie die Straße, an dem sich das Café Dudok befindet, heißt, genießen. Aber nicht nur das: Den ganzen Tag über werden verschiedene Speisen serviert. Zum Frühstück gibt es pochiertes Ei, Croissants, Avocado, American Pancakes oder Joghurt, mittags belegte Brote mit Huhn, Lachs, Carpaccio, Omelett und andere Eierspeisen sowie jederzeit Suppen, Salate und Burger. Alles mit einem französischen Hauch, denn Dudok versteht sich als ein Grand Café, wie sie typisch für Paris sind.

Benannt wurde das Lokal nach dem Architekten des Gebäudes: Willem Marinus Dudok. Entworfen und gebaut als Bürogebäude einer Versicherung, wurde der Bau 1952 fertiggestellt und bis 1980 von dieser genutzt. Anschließend beherbergte es eine Behörde der Gemeinde und einen Teppichladen, bis 1990 ein großer Umbau folgte. Zwischendecken und -wände wurden entfernt und es kam die ehemals charakteristische riesige Halle zum Vorschein. Genau hier, wo einst die Schreibtische der Versicherungsangestellten standen, befinden sich nun jede Menge Tische, an denen tagtäglich unzählige Gäste Platz nehmen: Jung und Alt, Leute, die vom Shoppen kommen, Geschäftsmänner, die hier ihre Pause verbringen, Studenten, Künstler, Arbeitslose und Beamte. Alle sitzen sie beisammen, um sich in industrieller Atmosphäre eine kleine Auszeit zu gönnen und sich den herrlichen Apfelkuchen auf der Zunge zergehen zu lassen.

TIPP

Weitere Cafés befinden sich im Het Park in Rotterdam, in Den Haag und Arnheim.

- Dudok, Meent 88, 3011 JP Rotterdam, Tel. +31 (10) 4 33 31 02
  www.dudok.nl
- ÖPNV: Metro A, B, C, Tram 21, 24, Bus 32, Haltestelle Blaak

DUDOK
ORIGINAL

Quietschgelber Wald

46

Die Kubushäuser

Mitten in der Innenstadt von Rotterdam ragen über 50 „Bäume" in den Himmel und bilden einen kleinen Wald, den Blaakse Bos. Wer nun aber eine grüne Lunge erwartet, wird enttäuscht sein. Denn der Blaakse Bos ist kein Wald, sondern eine Bezeichnung für die weltberühmten Kubushäuser. Jedes der kleinen Gebäude steht auf einem Betonpfeiler, der gleichzeitig den Stamm eines Baumes symbolisieren soll. Darauf befindet sich ein um 45 Grad gekipptes Haus, dessen Ecke wie eine Baumspitze in den Himmel ragt. So entsteht der Eindruck des Waldes. Dieses Gefühl wird verstärkt, wenn man den öffentlich zugänglichen Raum unter den Häusern betritt. Dieser ist gleichzeitig eine Brücke über die stark befahrene Straße Blaak. Und wie in einem echten Wald verstummen die Geräusche der Großstadt, sobald man diese Brücke betritt. Hier und da blitzt der Himmel zwischen den Baumkronen auf, die den Besucher behütend umarmen. Er findet Schutz vor Regen, Wind und Sonne, kann sich unterstellen und die einzigartige Architektur aus nächster Nähe betrachten.

TIPP

Wer sich für das Innere interessiert: Es gibt ein Museum und ein Hostel.

Entworfen hat das Ensemble der Architekt Piet Blom und nach 2-jähriger Bauphase wurde es 1984 fertiggestellt. In 38 Kuben befinden sich Wohnungen, in den anderen Einheiten Geschäfte oder andere Einrichtungen. Die Wohnungen sind ausgestattet mit einer Küche und einem Wohnbereich im Erdgeschoss, zwei Schlafzimmern und einem Bad in der ersten Etage. Im obersten Stock befinden sich ein weiterer Raum und ein kleiner Austritt nach draußen. Wer hier wohnen will, muss durchaus damit klarkommen, dass die Wände schräg sind und fertige Möbel von bekannten Warenhausketten eher nicht in die Wohnung passen. Hier sind Kreativität und Individualität gefordert. Dass die Bewohner diese haben, zeigt der liebevoll gestaltete Innenhof, der dem Großstadtwald, mit Palmen und weiteren Pflanzen dekoriert, doch einen Hauch echten Grüns verleiht.

- Kubuswoningen, Overblaak, 3011 MH Rotterdam
- ÖPNV: Metro A, B, C, Tram 21, 24, Bus 32, Haltestelle Blaak

STEDIN

Biologische Verwöhnpause

47 Markt Rotterdamer Ernte auf dem Noordplein

Es ist wieder Samstag und der Noordplein füllt sich mit Marktständen. Hier wird seit 2018 jeden Samstag verkauft, was im Umkreis von maximal 50 Kilometern um die Stadt herum angebaut und hergestellt wird. Dazu gehören Trauben aus dem Westland, Apfelsaft aus Rhoon, die asiatische Gewürzpaste Sambal aus Katendrecht, Schafssalami aus der Hoeksche Waard und Milchprodukte aus dem Groene Hart. Die Idee des Marktes ist, die Lebensmittelkette so kurz wie möglich zu halten. Denn dies ist gut für die Umwelt, die Gesundheit und den Geschmack. So treffen auf diesem Markt Großstädter auf Bauern und die Stadtbewohner sollen dazu ermuntert werden und die Möglichkeit erhalten, mehr regionale und selbst gemachte Lebensmittel zu kaufen.
Und so schlendern sie jeden Samstag zwischen 10 und 17 Uhr über den Noordplein und erwerben an rund 40 Ständen frisches Brot und Gemüse, herrlichen Käse, Nüsse aller Art, getrocknetes Obst, Sirup, Säfte, Öle und Honig. Alles ist frisch, gesund und voller Geschmack. Wer seinen Einkauf erledigt hat, findet französisches Gebäck, griechische Leckereien, traditionell hergestellte Pommes und frischen Kaffee, um direkt vor Ort zu schlemmen. Was genau es gibt, unterscheidet sich in Teilen von Woche zu Woche, denn die Stände sind nicht immer dieselben. Aber jederzeit kann man seinen Kühlschrank mit herrlichen biologischen Produkten direkt vom Erzeuger füllen oder die Leckereien unmittelbar auf dem Markt genießen und dabei dem bunten Treiben auf dem Platz zusehen. Dass man sich hier mitten in einer Großstadt befindet, glaubt man kaum. Die Atmosphäre erinnert eher an einen Markt in einem kleinen Dorf. Jeder scheint jeden zu kennen, man kommt schnell ins Gespräch, bekommt Geschichten und Anekdoten erzählt. Die perfekte Gelegenheit, um sich heimisch zu fühlen, sich von lokalen Produkten verwöhnen zu lassen und besser zu leben.

● Rotterdamse Oogst Markt, Noordplein, 3035 EC Rotterdam
www.rotterdamseoogst.nl
● ÖPNV: Tram 4, Haltestelle Noordsingel;
Tram 7, 8, Bus 39, Haltestelle Noorderbrug

GREEK

Woodstock in Europa

48 Am und um den See Kralingse Plas

Spiegelglatt liegt die Oberfläche des Kralingse Plas da. Die am Himmel gemächlich dahinziehenden Wolken spiegeln sich im Wasser. Nur hier und da breiten sich ein paar Ringe aus und zeugen von seinen Bewohnern. In den Bäumen klopfen die Spechte gegen den Baumstamm. Es ist so idyllisch, dass man sich kaum vorstellen mag, dass es hier einmal ganz anders zuging. Mehr als 100.000 Besucher waren 1970 dabei, als auf dem Holland Pop Festival Musikgrößen wie Pink Floyd, The Byrds und Santana auftraten. Das 3-tägige Festival war die europäische Antwort auf Woodstock. Wer dieses Ereignis noch einmal fast wie hautnah erleben will, findet am östlichen Ufer ein Denkmal, das an das Event erinnert. Versehen mit einem QR-Code, können hier Radiosendungen und Bildmaterial über das Festival gesehen und gehört werden.

Heute tummeln sich die Besucher des Sees auf einer ganz anderen Wiese: Am Westufer befindet sich ein Sandstrand, der im Sommer gut besucht ist. Kleine Kinder planschen in einem extra am Ufer für sie errichteten Becken und die größeren kühlen sich im See selbst ab. Bälle fliegen durch die Luft und es duftet nach Grillwurst und Sommer. Auf dem 100 Hektar großen See schieben sich unzählige weiße Segel über das Wasser.

Entstanden ist der See Ende des 19. Jahrhunderts durch die Torfgewinnung und bis Anfang des 20. Jahrhunderts hieß er noch Noorderplas. Schon damals wurde er zur Naherholung genutzt und es gab bereits einen ersten Wassersportverein. In den 1920er- und 1930er-Jahren wird um den See herum der Kralingse Bos angelegt, ein Waldgebiet, das ihn bis heute umgibt und 1953 schließlich offiziell eröffnet wurde. Heute befinden sich in dem Gebiet mehrere gastronomische Einrichtungen, ein Streichelzoo, ein Kletterpark und ein Golfplatz.

So lässt sich für jeden das richtige Plätzchen am oder auf dem See finden, an dem man eins mit der Natur sein und ein paar sorgenfreie Momente erleben kann.

● Kralingse Plas, 3062 Rotterdam
● ÖPNV: Tram 7, Haltestelle Boezemstraat;
Bus 38, Haltestelle Nieuwe Crooswijkseweg, jeweils ca. 15 Minuten zu Fuß

Gelbes Glück

49 Der Käseladen De Kaashoeve

Butter, Milch, Käse, Eier, prangt es an der Fassade des Hauses am Oude Binnenweg 129. Die Fassade fällt ins Auge und könnte passender nicht sein. Ebenso wie die lebensgroße Kuh, die mitten auf der Einkaufsstraße steht. Was einen im Inneren des Ladens De Kaashoeve erwartet, ist also auch ohne Kenntnisse der niederländischen Sprache nicht schwer zu erraten und ein Blick durch das Schaufenster verrät es sowieso: Käse, Käse und nochmals Käse. Ganze Käseräder füllen die Regale, dazwischen bereits zugeschnittene und abgepackte Stücke, passende Getränke wie Wein und Port, Nüsse, Südfrüchte und andere Delikatessen. In einer Kühltheke liegen Weich- und Schimmelkäse und an der Wand über den Regalen sind glückliche Kühe auf niederländischen Weiden zu erkennen.

Laut eigener Aussage darf sich das Geschäft zu Recht „Der Käseladen von Rotterdam“ nennen. Seit 30 Jahren gibt es De Kaashoeve. Ein Familienbetrieb, der zunächst als reiner Käseladen begonnen hat. Die nächste Generation steht bereits in den Startlöchern und auch das Sortiment steht nicht still. Immer wieder kommen neue Käsesorten hinzu. Ausgewählt werden die Sorten nach Geschmack und Originalität, denn es soll nur das Beste vom Besten angeboten werden. So befinden sich im Sortiment unzählige nationale und internationale Käsesorten. Die einen eignen sich hervorragend für eine Brotmahlzeit, die anderen will man am liebsten sofort wegnaschen und dazu einen guten Wein oder einen Schluck Port genießen. Dazu ein paar Nüsse und Südfrüchte und die kleine schmackhafte Zwischenmahlzeit ist perfekt.

In fünf verschiedene Familien lassen sich die Käsesorten einteilen, Rot und Blau sowie Weiß-, Hart- und Ziegenkäse. Und alle sind sie bei De Kaashoeve zu finden. Da kann die Wahl schon mal schwerfallen. Ein Tipp: Es gibt einen Käse, der aus Rotterdam kommt, der Rotterdamsche Oude, und sehr empfehlenswert ist. Und wer sich nicht an den kräftigen Käse herantraut, kann mit einem einfachen Goudse Kaas (Gouda) auch nichts falsch machen.

- De Kaashoeve Rotterdam, Oude Binnenweg 129 b, 3012 JD Rotterdam, Tel. +31 (10) 4 13 86 44, www.de-kaashoeve.nl
- ÖPNV: Metro A, B, C, Tram 4, 8, Haltestelle Eendrachtsplein

Stompetoren
PORT OF
€ 10,00
€ 19,95
GIVE
Rotterdammert
1,5 jaar oud
Speciaal voor
OUD OUD
55 WEKEN OUD

Bunte Vögel

50 Das Café Parqiet

Schnatternd lässt sich eine Gruppe Vögel auf einem Baum nieder. Wer sie beobachtet, staunt nicht schlecht. Handelt es sich doch nicht um gewöhnliche Vögel, die wir aus Park und Garten kennen. Ihr Gefieder ist bunter, grün, gelb und blau. Wellensittiche sind es, die hier in Het Park, einer riesigen innerstädtischen Grünfläche, ein Zuhause gefunden haben und gleich einem kleinen, gemütlichen Café zu seinem Namen verholfen haben: dem Café Parqiet. Denn das heißt auf Niederländisch eben Wellensittich.

Draußen auf der Wiese lassen es sich die Gäste bei schönem Wetter in gemütlichen Liegestühlen gut gehen. Sie schlürfen ihre Getränke mit Blick auf den Park, genießen ein erfrischendes Glas Wein oder verputzen Toasties, Bananenbrot, bretonischen Apfelkuchen oder Möhrenkuchen oder stärken sich mit einem Frühstück oder mit einer Pita. Kurz: Sie erfreuen sich am Leben und der Natur in der Stadt.

Entstanden ist das Café 2015 aus dem Wunsch der Besitzerinnen nach einem Gastronomieangebot im Park. Sie selbst sind große Fans der Grünanlage und kamen oft zum Picknick her. Wenn sie auf das verfallene Gebäude blickten, sprachen sie davon, wie toll es wäre, wenn es dort eine gastronomische Einrichtung geben würde. Aber das ehemalige Kutschhaus, im Jahr 1858 gebaut, lag verlassen und verfallen da. Doch eines Tages erfuhren sie, dass es verkauft worden war, kontaktierten den neuen Besitzer und ergriffen die Gelegenheit, selbst ein Café zu eröffnen. Jobs wurden gekündigt, neue Aufgaben erlernt und schließlich ein wundervolles Café eröffnet.

Bei schlechtem Wetter sitzt man im minimalistisch, aber gemütlich eingerichteten Innern unter massiven Holzbalken an einer riesigen Lesetafel oder auf einem bequemen Sessel, genießt seinen frischen und warmen Tee. Im Sommer erfreut man sich an der Aussicht auf die weitläufige Grünfläche des Parks und lässt sich die Sonne ins Gesicht scheinen, quatscht mit Freunden und schaut den Wellensittichen dabei zu, wie sie vor dem blauen Himmel ihre Kreise ziehen.

- Parqiet, Baden Powelllaan 20, 3016 GJ Rotterdam, Tel. +31 (6) 51 00 16 06 www.parqiet.nl
- ÖPNV: Tram 8, Haltestelle Kievitslaan oder Erasmus Medisch Centrum

APPLE CAKE
TOMATO SOUP
HOT CHOCO RUM

Rotterdam, wie es einst war

51 An den Ufern des Aelbrechtskolks in Delfshaven

Wer an den Ufern des Aelbrechtskolks im Viertel Delfshaven entlangspaziert, meint, die Zeit sei stehen geblieben. Hier findet sich, was im Rest der Stadt weitestgehend fehlt: prächtige Kaufmannshäuser, ehemalige Speicher- und Lagerhäuser, Treppengiebel, Plattbodenschiffe, die als Hausboote genutzt werden, eine Windmühle und eine markante Klappbrücke. An diesen Ufern erlebt man Rotterdam, wie es einst war. Bevor die Deutschen die Stadt im Jahr 1940 bombardierten und die einstige Bausubstanz in weiten Teilen vernichtet wurde. Denn das Viertel Delfshaven ist eines der wenigen Gebiete der Stadt, die nicht angegriffen wurden und den Krieg daher größtenteils unversehrt überstanden haben.

So auch das wahrscheinlich historisch bedeutendste Bauwerk des Stadtteils: die Pelgrimvaderskerk, die Kirche der Pilgerväter. Im 15. Jahrhundert als Antoniuskirche gebaut, ist das Gebäude heute das älteste Gotteshaus der Stadt. Bis zum Bildersturm im Jahr 1572 war die Kirche in katholischen Händen. 1574 folgte der erste Pfarrer der Nederlandse Hervormde Kerk, der niederländischen reformierten Kirche. Seinen heutigen Namen verdankt das Gotteshaus einer Gruppe englischer Gläubiger, den Pilgervätern. Sie kamen zu Beginn des 17. Jahrhunderts als Glaubensflüchtlinge in die Niederlande und wanderten von hier in ihre neue Heimat Amerika aus. 1620 kehrten sie in der Kirche ein und erbaten Gottes Segen für die Überfahrt über den Atlantik, bevor es zunächst zurück nach England und von dort mit der Mayflower nach Amerika ging. Das Schiff, mit dem sie nach England übersetzten, die Speedwell, ist in den brandgemalten Bleiglasfenstern des Baus verewigt.

Aber nicht nur die Kirche ist einen Besuch wert: In den historischen Gebäuden sind heute kleine Läden, Antiquitätenhändler sowie urige Cafés und Kneipen zu finden. Sogar eine Brauerei ist hier ansässig: In einem Haus aus dem Jahr 1580, direkt neben der Kirche gelegen, wird seit 1996 Bier gebraut. Der perfekte Ort für eine kleine Ruhepause auf der Reise in die Vergangenheit.

● Historisch Delfshaven, Aelbrechtskolk und Voorhaven, Pelgrimvaderskerk, Aelbrechtskolk 20, 3024 RE Rotterdam
● ÖPNV: Tram 18, Haltestelle Spanjaardstraat; Metro A, B, C, Haltestelle Delfshaven

OUDE GENEVER
ADVOCAAT
HELLEBREKERS
02102443
WORKUM-WARMOND

Park im Park

52

Der Rosengarten im Museumpark

Museum Boijmans Van Beuningen, das dazugehörige Depot, Het Nieuwe Insituut mit der Villa Sonneveld und am anderen Ende die Kunsthalle sowie das Naturhistorische Museum – so viele Museen findet man selten auf einem Fleck. Dazwischen liegt eine Parkanlage mit dem selbsterklärenden Namen Museumpark. Sie befindet sich auf dem ehemaligen Gebiet des Landguts der Familie Van Hoboken – die zugehörige Villa beherbergt das naturhistorische Museum – und wurde 1927 nach Plänen des Architekten Witteveen angelegt. Mit dem Bau der Kunsthalle wurde die Grünfläche von Architekt Rem Koolhaas und Landschaftsarchitekt Yves Brunier neu eingerichtet und 2011 wieder eröffnet.

Die meisten Besucher eilen durch den Park und nutzen ihn als Durchgangsweg, ohne einen Blick für ihre Umgebung zu haben. So verpassen sie einen romantischen Garten, durch den verschlungene Pfade unter Bäumen hindurchführen und ein weiteres Juwel: Am Hauptweg, hinter einer Hecke verborgen, liegt ein kleiner Erholungsort, ein Park im Park. Oder genauer genommen, ein Garten im Park. Der Rosengarten.

Eine kleine Brücke mit einem schmiedeeisernen Tor führt über das gerade mal gut 1 Meter breite Wasser, das den Rosengarten vom Rest des Museumparks abtrennt. Während draußen die Menschen durch den Park eilen, herrscht jenseits der schmalen Brücke eine ganz andere Atmosphäre: Auf den Bänken sitzen Studenten, die sich zum Lernen zurückziehen, unter den Bäumen tummeln sich Familien, Kinder laufen fröhlich über die Wiese und am Wasser liegt ein Liebespaar eng umschlungen auf einer Picknickdecke. Zur richtigen Jahreszeit erblühen die Rosensträucher in bunten Farben, der Duft der Blumen liegt in der Luft, Insekten sausen herum und Städter wie Besucher lassen sich die Sonne ins Gesicht scheinen, sitzen mit Freunden zusammen und genießen das Leben.

- Rozentuin en Museumpark, gelegen zwischen Westzeedijk, Erasmus MC, Museumpark und Westersingel, 3015 CX Rotterdam
- ÖPNV: Metro A, B, C, Haltestelle Eendrachtsplein; Tram 8, Haltestelle Vasteland

Gesund und nachhaltig

53 Die Einkaufspassage De Groene Passage

Am Mariniersweg in Rotterdam befindet sich ein einzigartiges Konzept: Sieben Ladenbesitzer haben sich zusammengeschlossen, da sie die gleichen Werte verfolgen. Sie wollen, dass es allen gut geht, nicht nur ihnen selbst, sondern auch anderen Menschen, Tieren und der Natur. Somit steht die Groene Passage für Nachhaltigkeit, Fairtrade und Bio. Im Supermarkt Gimsel kann der Kunde alles für seinen täglichen Bedarf und eine bewusste und gesunde Ernährung finden. Sämtliche Produkte sind ohne synthetische Geschmacksstoffe, unnötigen Zucker und Zusatzstoffe hergestellt. Nüsse, Hülsenfrüchte und Nudeln können wie in einem Unverpacktladen je nach Bedarf und ohne Verpackungsmüll zu erzeugen, mitgenommen werden.
Der Biometzger De Groene Weg ist nach eigener Aussage ein Begriff in Rotterdam und Umgebung und hat für seine *rookworst* (eine für die Niederlande typische geräucherte Wurst) schon einen Preis erhalten. Die Produkte im Einrichtungsladen Van Binnen sind ebenfalls mit Respekt für Mensch und Natur gemacht. Hier gibt es Farben auf Pflanzenbasis, Möbel, deren Holz aus europäischen Wäldern stammt, sowie Matratzen, die zu 100 Prozent aus biologischen Materialien hergestellt wurden und im Weltladen lassen sich Geschenke und Einrichtungsgegenstände aus aller Welt finden.
Wer genug geshoppt hat, findet im Schönheitssalon, in dem nur Produkte mit natürlichen Inhaltsstoffen verwendet werden, bei einer Gesichtsbehandlung oder einer Massage Entspannung. In der Gimsel Academy können Besucher einen Yoga- oder Meditationskurs absolvieren. Im Restaurant Spirit gibt's Salate oder Suppen sowie am Büfett kalte und warme Speisen. Alle Gerichte werden täglich selbst zubereitet. Zudem sorgt ein besonderes Konzept dafür, dass weniger Reste weggeschmissen werden: Man darf selbst seinen Teller oder beim Abholen das Schälchen füllen, sodass man abhängig vom Hunger bestimmen kann, wie groß die Portion sein soll. Der perfekte Ort, um bewusst und mit Blick auf die Umwelt leckere Speisen zu genießen.

- De Groene Passage, Mariniersweg 9, 3011 NB Rotterdam, Tel. +31 (10) 2 33 19 33
www.degroenepassage.nl
- ÖPNV: Metro A, B, C, Tram 21, 24, Bus 32, Haltestelle Blaak

TOILETTEN & LESLOKALEN
ADITI schoonheidssalon
EXPO art & photography
WERELDWINKEL fairtrade cadeaus
VAN BINNEN natuurlijk wonen
SPIRIT breakfast, lunch & diner
GIMSEL ACADEMY opleidingen & cursussen
GIMSEL natuurlijke voeding & cosmetica
WERELDWINKEL
uwinkel

Beckett im Wasser

54 Skulpturen am Westersingel

Gut 1 Kilometer zieht sich der Westersingel durch das Zentrum Rotterdams. Mal ist das Wasser von grünen Rasenflächen umgeben, mal von einer promenadenartigen Fläche, auf der Menschen flanieren oder auf Bänken sitzen und die Schwäne, die gemächlich auf dem Wasser dahingleiten, beobachten.

Angelegt wurde der Westersingel im 19. Jahrhundert als Teil eines Wasserprojekts des Stadtbauers Willem Rose. Er sollte die bisherigen verschmutzten, zur Kanalisation genutzten Grachten ersetzen und fortan eine saubere Wasserversorgung gewährleisten. Die Herrenhäuser auf beiden Seiten des Gewässers waren lange Zeit eine beliebte Wohnadresse, bis die Menschen wegzogen und die Gegend mehr und mehr verwahrloste. Um dies zu ändern, wurde der Westersingel neu angelegt und an seinem Ufer eine Promenade errichtet, auf der man unter Bäumen wunderbar spazieren gehen und teilweise eigenartigen Gebilden begegnen kann: einem Mann ohne Kopf, einem Objekt aus verrostetem Stahl, auf dem ein Kind liegt, einem weiblichen Körper, einer Säule aus verschlungenem Haar und im Wasser ist der Schriftzug „No matter try again fail again fail better", ein Zitat des irischen Schriftstellers Samuel Beckett, zu lesen. Denn wer am Westersingel entlangläuft, befindet sich gleichzeitig in einer Freilichtgalerie.

Beinahe 20 Kunstwerke wurden hier im Rahmen der Neugestaltung aufgestellt: Ein autorisierter Nachguss von Rodins Werk „L'Homme qui marche", dessen Original in Paris zu finden ist, „La Grande Musicienne" von Henri Laurens und „Het Afscheid" von Umberto Mastroianni, um nur einige der Schöpfungen zu nennen. Etwas abseits des Ufers gelegen, steht das wohl bekannteste Werk: „Santa Claus" von Paul McCarthy, der wegen des Gegenstandes in seiner Hand für viel Aufsehen gesorgt hat. Aber wie das bei der Kunst so ist, sollte sich jeder ein eigenes Bild machen, an den grünen Ufern einen Moment innehalten und das Fest der Kreativität genießen.

- Westersingel, 3012 JT Rotterdam
- ÖPNV: Metro A, B, C, Haltestelle Eendrachtsplein; Tram 4, 7, 8, 125, Haltestelle Kruisplein

Moderne Tradition

55 Das chinesische Restaurant Shanghai Papa

Es wird geredet, gelacht und natürlich gegessen. Im Licht roter Laternen scheinen die Tische zu bersten unter der Auswahl an dargebotenen Speisen. Auf Tellern, Schalen und Schüsseln aus feinstem Porzellan ringen Dumplings, Bao, Pekingente, süßsaures Hühnerfleisch und andere Köstlichkeiten um die Gunst der Gäste. Klassiker der chinesischen Küche sind auf der Karte ebenso zu finden wie neue Kreationen und Geschmacksrichtungen: mit Trüffeln gefüllte Dumplings, Patties aus Schweinehackfleisch mit chinesischem Spinat und Eigelb sowie vegane Radish Wisps, krosse Blätterteigstreifen, gefüllt mit Rettich und Pilzen. Zudem gibt es selbst gemachte Getränke und Cocktails sowie chinesischen Tee, den man hier pur ohne Zucker oder sonstige Zusatzstoffe genießt.

Bei Shanghai Papa werden die kulinarischen Vorlieben verschiedener Regionen Chinas vereint und zu modernen Gerichten erweitert. Die chinesische Tradition, dass man zum Essen mit Familie und Freunden zusammenkommt und dabei verschiedene Snacks miteinander teilt, steht zentral. So ist die Karte voll von diesen kleinen Dim Sums, wie die Gerichte, die aus meist drei Häppchen bestehen, im Chinesischen heißen. Dass die Familie eine wichtige Rolle spielt, zeigt auch der Name des Restaurants: Er richtet sich an den verstorbenen Vater einer der beiden Besitzerinnen, der einst ein Restaurant unter dem Namen Shanghai in Den Haag führte. So ist Shanghai Papa zum einen eine Ehrung des Vaters, zum anderen eine Liebeserklärung an chinesische Esskultur und Traditionen, die mit einer zeitgemäßen westlichen Küche zusammentreffen.

Das Innere von Shanghai Papa soll an das Shanghai der 1930er-Jahre erinnern und schafft mit chinesischen Holzpaneelen, Bambus, asiatischer Keramik, folkloristischen Bildern sowie den Farben Rot und Jade eine gemütliche Atmosphäre, in der Menschen aus aller Welt zusammenkommen, die chinesische Kultur feiern und gemeinsam genießen.

● Shanghai Papa, Botersloot 28 a, 3011 HG Rotterdam, Tel. +31 (10) 2 29 96 89
www.shanghaipapa.nl
● ÖPNV: Tram 7, 8, Haltestelle Meent

Tanzende Säulen

56 Der Platz Schouwburgplein

An der Fassade des Rotterdamer Theaters tanzen drei Säulen im Wind. Federleicht und grazil wirken ihre Bewegungen. Dass es sich dabei um eine Stahlkonstruktion handelt, vermag man kaum zu glauben. „Three Columns“ heißt das Werk des amerikanischen Künstlers George Rickey, das an den menschlichen Körper beim Tanz erinnert. Und so könnte es kaum einen geeigneteren Ort geben als hier am Theater am Schouwburgplein – dem Platz, an dem Theater, Kino und Konzert vereint sind. Filmfans kommen im Kino mitten auf dem Platz auf ihre Kosten und mit De Doelen befindet sich eines der bedeutendsten Konzertgebäude des Landes mitten in der Stadt. Hier gibt das Rotterdamer Philharmonieorchester seine Vorstellungen und Besucher können Pop, Jazz und klassischer Musik lauschen. Der Name des Konzertgebäudes existierte bereits im 17. Jahrhundert, als eine Gruppe von Stadtmusikanten Konzerte in einem gleichnamigen Gebäude gab.
Aber nicht nur die Gebäude, auch der Schouwburgplein selbst strotzt vor kultureller und lokaler Symbolik. Vier 35 Meter hohe Schwenklaternen erinnern an die Kräne im Hafen und die Ablufttürme einer Tiefgarage ragen wie Schlote der Schiffe in den Himmel. Die Metallplatten auf dem Boden unterstreichen den industriellen Charakter und die Holzelemente lassen an Schiffsplanken denken.
Und wer den Platz betritt, betritt gleichzeitig eine Bühne. 35 Zentimeter höher als das Straßenniveau, scheint der Schouwburgplein zu schweben und den Eindruck eines Podiums zu vermitteln. So wundert es auch nicht, dass der Platz, der mittlerweile größtenteils mit grünen Matten mit bunten Symbolen ausgelegt ist, als Stadtpodium gilt. Zum Beispiel für Sportbegeisterte und Yogafans. Diese kommen hier im Sommer zusammen, um sich ganz dieser asiatischen Philosophie hinzugeben und ihre Körper im Winde tanzen zu lassen.

- Schouwburgplein, 3012 CL Rotterdam
- ÖPNV: Metro D, E, Haltestelle Rotterdam Centraal; Tram 4, 7, 8, 125, Haltestelle Kruisplein

SCHOUWBURGPLEIN

Frischer Fisch

57 Der Fischladen Schmidt Zeevis

Wer durch den Stadtteil Spaanse Polder fährt, staunt nicht schlecht, wenn er gleich neben der Autobahn ein großes Schiff liegen sieht. Zwar ist die Konstruktion durchaus von Wasser umgeben, jedoch kein echtes Schiff, sondern ein perfekt passendes Gebäude für herrlichste Fischspezialitäten wie Fisch, Meeresfrüchte, Muscheln, Schalen- und Krustentiere sowie fertige Gerichte wie Quiche, Paella und Lachslasagne. Passend dazu gibt es Kräuter, Kochutensilien und natürlich auch panierten Fisch wie Kibbeling und Backfisch.

Seit Jahrzehnten ist Schmidt Zeevis ein Begriff in Rotterdam. Angefangen hat alles zu Beginn des 20. Jahrhunderts, als die Großmutter des letztens Besitzers Fisch aus einer Fischkarre auf der Straße verkauft. Bald darauf folgt ein erster Laden und nach dem Zweiten Weltkrieg steigt auch der Enkelsohn ins Geschäft ein, merkt jedoch schnell, dass er andere Pläne mit dem Betrieb hat als sein Vater. Erst als der Fischhandel in Rotterdam nicht mehr läuft, kommt er auf Wunsch der Mutter zurück und steigt unter der Vereinbarung, endlich größer zu denken, wieder ins Familiengeschäft ein. Unter ihm erobert Schmidt Zeevis die Welt der Rotterdamer Gastronomie und wird zu einem Global Player, der seine Produkte in alle Ecken der Welt liefert. Zu den Kunden zählen namhafte Chefkochs, Gastronomiebetriebe, Großhändler und (Kreuzfahrt-)Schiffe, die im Hafen von Rotterdam, Amsterdam und Antwerpen anlegen. Mehr als 140 Mitarbeiter sind für die Kunden da und 20 Lkw fahren durch das Land, um den Abnehmern ihre Bestellungen zu bringen.

Die Kunden vor Ort kommen vorbei, weil sie erstklassigen Fisch und Meeresfrüchte für die heimische Küche suchen oder direkt vor Ort im Lunchroom genießen möchten. Und den bekommen sie. Denn gute Qualität und die Liebe zum Produkt stehen an erster Stelle. Nicht umsonst landet Schmidt Zeevis immer wieder unter den Top Ten im Heringstest einer nationalen Tageszeitung.

- Koninklijke Schmidt Zeevis Rotterdam, Matlingeweg 333, 3044 EV Rotterdam, Tel. +31 (10) 2 14 06 73, www.schmidtzeevis.nl
- ÖPNV: diverse Busse und Bahnen, Metro A, B, C, Haltestelle Schiedam Centrum, ca. 15 Minuten zu Fuß

schmidt zeevis

Kunst im Kunstwerk

58 Die Kunsthalle

Ein schwebendes Gebäude wollte Rem Koolhaas, der Stararchitekt aus Rotterdam, mit der Kunsthalle schaffen. Und wer sich dem Bau vom Westzeedijk aus nähert, kann diesen Eindruck fast bekommen, liegt die Betonplatte des Museums doch einige Zentimeter über dem Boden. Von hier geht es gleich weiter über die nächste Besonderheit: eine Rampe, die mitten durch das Gebäude hindurch und 6 Meter hinabführt. Auf dem Weg bekommt man durch die große Fensterfläche bereits erste Einblicke in die Ausstellungsräume.
Die Kunsthalle zählt zu den Ikonen der Rotterdamer Architektur und wurde Ende der 1980er-Jahre gebaut. Sie erlangte internationale Aufmerksamkeit, da Materialien wie Kunststoff, Sichtbeton, feuerverzinkter Stahl und Baumstämme verwendet wurden. Einzigartige Baustoffe für ein Kunstmuseum.
Vor allem die Baumstämme fallen im Ausstellungsraum ins Auge, scheinen sie doch etwas fehl am Platz, wie sie so dastehen zwischen den Schwarz-Weiß-Fotografien oder anderen Kunstwerken, die gerade gezeigt werden. Sie regen zum Nachdenken an, zum Hinterfragen: Sind sie Teil der Ausstellung, gehören sie zum Museum? So oder so bieten die Bänke um die mächtigen Stämme herum Gelegenheit, sich niederzulassen und die Kunstwerke aus einer neuen, anderen Perspektive zu betrachten.
Sieben Ausstellungshallen gibt es in dem Museum, das 1992 eröffnet wurde, die alle einen unverkennbaren Charakter, eine charakteristische Atmosphäre haben und aus unterschiedlichen Materialien hergestellt sind. Über eine eigene Sammlung verfügt die Kunsthalle nicht. So werden die Ausstellungsräume immer wieder mit neuen Kunstwerken gefüllt, meist sind mehrere Ausstellungen gleichzeitig zu sehen. Im Jahr kommen etwa 20 zusammen, die auf 3000 Quadratmetern Design, Fotografie, Malerei, Skulpturen, Film und Mode zeigen. So lässt sich für jeden das Passende finden – in diesem Kunstwerk aus Beton und Stahl.

● Kunsthal Rotterdam, Westzeedijk 341, 3015 AA Rotterdam, Tel. +31 (10) 4 40 03 00
www.kunsthal.nl
● ÖPNV: Metro A, B, C, Haltestelle Eendrachtsplein;
Tram 7, Haltestelle Westplein; Tram 8, Haltestelle Kievitslaan

Musik verbindet

59 Café, Kneipe, Konzertlocation Rotown

Leise ertönen die ersten Klänge der Gitarre. Dann setzt das Schlagzeug ein. Scheinwerfer erhellen die Bühne. Die Menge jubelt und beginnt zu tanzen, wird eins mit der Musik. Dort, wo die Zuschauer sich nun im Rhythmus bewegen, den Klängen lauschen und sich der Musik hingeben, saßen vor wenigen Stunden noch Eltern mit ihren Kindern und Freundesgruppen zusammen. Sie haben Salat und fleischfreie Burger genossen, veganes Fingerfood bestellt oder sich an vegetarischem Sushi erfreut. Denn das Rotown ist tagsüber „Vegan Snackbar“ und am Abend Konzertlocation.

Bereits seit 1987 geht dieses Konzept auf. Damals sah es für die Popmusik nicht gut aus in Rotterdam. Also musste ein Ort her, ein Treffpunkt, an dem Jung und Alt zusammenkommen und Livemusik alle miteinander verbindet. Und ein Podium für beginnende Bands konnte Rotterdam ebenfalls gut vertragen. Das Rotown – eine Anlehnung an das Musiklabel Motown aus Detroit – war geschaffen. Gespielt haben hier seitdem schon Ilse Delange, Kane, Chief's Special, Miss Montreal, Bløf und die schottische Band Franz Ferdinand, als diese gerade mit der Single „Take Me Out“ ihren Durchbruch hatte. Es treten vor allem alternative Bands und Künstler auf und im Laufe der Jahre haben unterschiedliche Programmdirektoren verschiedene Musikrichtungen in den Vordergrund gestellt. Aber mit einem breiten Musikangebot von Pop bis Rock über House, Indie und Dance war und ist immer für jeden Musikgeschmack etwas dabei.

Legendär geworden sind die Sonntagssessions: Lokale Künstler covern ihre Lieblingssongs oder bekannte Bands und Musiker wie AC/DC, Tom Waits, David Bowie und Neil Young. Immer wieder kamen neue Ideen hinzu wie ein Popquiz, das mittlerweile zu einem Popquiz-Marathon in der ganzen Stadt erweitert wurde, ein Plattenladen, Spieleabende und Yoga.

Aber am wichtigsten bleibt die Livemusik. Sie verbindet und die Menge bewegt sich, als wäre sie eins im Klang der Musik, vergisst für einen Moment die Welt außerhalb und genießt die Leichtigkeit des Konzerts.

- Rotown, Nieuwe Binnenweg 19, 3014 GB Rotterdam, Tel. +31 (10) 4 36 26 69 www.rotown.nl
- ÖPNV: Metro A, B, C, Tram 4, 8, Haltestelle Eendrachtsplein

ROTOWN
ROTOWN
EVENTS
CONCERTAGENDA

Rotterdam am Meer

60 Der Ortsteil Hoek van Holland

Verkehrsschilder, die den Weg nach England weisen, sieht man in der Regel nicht so oft. In Hoek van Holland sind sie jedoch gleich mehrmals zu finden, denn von hier bringt die Reederei Stena Line ihre Passagiere nach Großbritannien. Seit dem Ende des 19. Jahrhunderts gibt es diesen Fährdienst nach Harwich auf der anderen Seite der Nordsee und die Fähren legen quasi direkt neben dem Ortskern an und ab. Kein Wunder, befinden wir uns hier doch etwa 25 Kilometer westlich von Rotterdam, dort, wo der Rhein als Nieuwe Waterweg in die Nordsee mündet.

Und wer nicht nach England weiterreist, auf den warten mehrere Museen, ein Fort aus dem Jahr 1881 und ein mächtiges Sturmflutsperrwerk. Aber vor allem ein 3,5 Kilometer langer, sehr breiter Sandstrand. Der perfekte Ort, um den Sommer zu genießen, faul herumzuliegen, sich beim Surfen oder Kitesurfen auszutoben oder sich einfach in den Wellen der Nordsee zu erfrischen.

Früher wohnten Beamte und Angestellte der Waterstaat, einer Behörde, die für die Wasserwege zuständig ist, im „Alten Hoek". Nachdem 1863 beschlossen wurde, den Nieuwe Waterweg zu graben, zogen immer mehr Arbeiter, die dichter an ihrer Arbeitsstätte wohnen wollten, hinzu. Sie kamen zunächst in Hütten und Notwohnungen unter, woraus sich schließlich das heutige Hoek van Holland entwickelte. Bis 1914 gehörte dies verwaltungstechnisch zur Gemeinde 's-Gravenzande. Erst dann wurde es zu einem Ortsteil von Rotterdam.

Besonderes Highlight des kleinen Küstenortes ist der Noorderhoofd, eine Art Boulevard, der sich direkt neben der Schifffahrtsrinne entlangzieht und am Ende sogar über 600 Meter ins Wasser hineinreicht. Hier kann man die großen Pötte aus nächster Nähe bestaunen und ihnen sehnsuchtsvoll hinterhersehen, wie sie im bilderbuchreifen Sonnenuntergang verschwinden. Oder eins sein mit sich und seinem Urlaubsziel, den Wind in den Haaren und den Sand zwischen den Zehen spüren oder im Schein der untergehenden Sonne ein letztes Bad in der Nordsee genießen.

- Hoek van Holland
- ÖPNV: Metro B, Haltestelle Hoek van Holland Strand; Bus 611, Haltestelle Badweg

26 km
8934 km
HAMBURG 431 km
ST PETERSBURG 1831 km
194 km
NEW YORK 5824 km
HOEK VAN HOLLAND
HOEK VAN HOLLAND

Wo alles begann

61 Der Teich Hofvijver

Die durch die Bäume fallenden Sonnenstrahlen lassen Muster in Hell und Dunkel über den Boden tanzen. Die Blätter der Bäume erstrahlen in sattem Grün, dazwischen stehen Kübel mit Rankpflanzen, deren Blüten in kräftigem Rot leuchten. Auf den Bänken sitzen Menschen, sind in ihre Zeitung vertieft, schauen in ihr Buch oder auf ihr Handy, schieben geduldig einen Kinderwagen vor und zurück, damit das Kleine endlich Schlaf findet und zur Ruhe kommt. Und auch an der Uferkante sitzen junge Menschen, unterhalten sich und lassen die Beine über dem Wasser des Hofvijvers baumeln.

Dieser unscheinbare Teich ist der Ursprung Den Haags: Im 13. Jahrhundert entstand an seinem Ufer ein Schloss, in dem die Grafen von Holland residierten, und noch heute befindet sich hier, im sogenannten Binnenhof, der Mittelpunkt der niederländischen Politik. Denn Amsterdam ist zwar die Hauptstadt des Landes, der Regierungssitz befindet sich jedoch in Den Haag. Und so beherbergen die alten Mauern die Erste und die Zweite Kammer, die zusammen das Parlament formen, und weitere Regierungseinrichtungen. Auch der Ministerpräsident hat sein Büro hier – in dem kleinen, runden Türmchen links auf der Ecke. Gleich hinter der historischen Kulisse ragt das moderne Den Haag mit zahlreichen Hochhäusern in den Himmel, die zu den höchsten Gebäuden der Stadt zählen und von nah wie fern die Skyline formen. Vor allem jedoch beherbergen sie verschiedene Ministerien. Darunter das Castalia-Gebäude mit den beiden spitzen Dächern, auch „Den Haager Titten" genannt, und der Hoftoren, der wegen seiner markanten Spitze den Spitznamen „Füller" trägt.

Aber auch ganz ohne politisches Interesse kann man den Ausblick auf das einzigartige Panorama genießen. Dem Plätschern des Springbrunnens lauschen, die Geräusche der Stadt in sich aufsaugen, sich Zeit nehmen anzukommen und sich von dieser Stadt beflügeln lassen.

● Hofvijver, Lange Vijverberg, 2513 AC Den Haag
● ÖPNV: Tram 16, 17, Haltestelle Buitenhof

Blick in die Vergangenheit

62 Ein Besuch im Museum Panorama Mesdag

Das Meer rauscht, das Schreien der Möwen klingt durch die Luft und die Sonne lässt Teile des Strandes im Licht erstrahlen, während der Himmel an anderen Stellen wolkenverhangen ist. Besucher tummeln sich in einem Pavillon auf einer Düne und genießen den 360-Grad-Ausblick auf die Szenerie am Strand und an Land. Direkt zu ihren Füßen breitet sich eine Sandfläche aus, die auf der einen Seite zum Meer hinunter und auf der anderen in den Ort führt. Am Strand liegen Boote und eine Kavallerie reitet vorbei, im Dorf stehen rote Backsteinhäuser und Fischerfrauen reparieren die Netze. In den Dünen befinden sich verschiedene Gebäude, in der Ferne ist ein Kirchturm auszumachen. Wer schon einmal in Scheveningen war, erkennt die Oude Kerk, die Alte Kirche an der Keizerstraat.

Was ebenfalls auffällt: Es fehlen die hohen Appartementhäuser, Hotels und die Promenade. Zudem ist die Szenerie lediglich gemalt und zeigt Scheveningen im Jahr 1881, als es noch ein kleines Fischerdorf war. Der Maler Hendrik Willem Mesdag hat das damalige Leben detailgetreu festgehalten und das nicht auf einem gewöhnlichen Gemälde, sondern auf einer gigantischen Leinwand: einer 1680 Quadratmeter großen Fläche. 120 Meter lang ist das Kunstwerk und ermöglicht den Betrachtern einen 360-Grad-Panoramablick in die Vergangenheit. Oberes und unteres Ende bleiben dem Besucher verborgen. Die aufgeschüttete Düne ist liebevoll mit herumliegenden Netzen, Körben und Seilen dekoriert und die Beleuchtung verstärkt das Spiel von Licht und Schatten. All dies sorgt dafür, dass sich der Betrachter tatsächlich ins 19. Jahrhundert zurückversetzt fühlt und einen überwältigenden Eindruck erhält, wie Scheveningen als kleiner Fischerort ausgesehen hat. Auf jeden Fall sollte man sich die Zeit nehmen, alles auf sich wirken zu lassen und die Auszeit am Strand zu genießen.

TIPP
Im Museum werden in Wechselausstellungen auch Werke anderer Künstler gezeigt.

- Museum Panorama Mesdag, Zeestraat 65, 2518 AA Den Haag, Tel. +31 (70) 310 66 65, www.panorama-mesdag.nl
- ÖPNV: Bus 22, 24, 28, Tram 1, Haltestelle Mauritskade

Ein Ausflug nach Japan

63 Der Japanische Garten am Landgut Clingendael

Der Boden ist mit Moos überzogen, dazwischen schlängen sich schmale Pfade, knorrige Stege führen über Wasserläufe und eine rote Brücke leuchtet zwischen den Büschen und Bäumen hervor. Im Frühjahr erstrahlen die Pflanzen in einem kräftigen und frischen Grün, im Herbst färben sich die Blätter gelb und rot. Dies sind die einzigen Jahreszeiten, in denen Besucher die Pracht des Japanischen Gartens am Landgut Clingendael zu Gesicht bekommen. Denn die Anlage ist nur wenige Tage im Jahr zugänglich, einige Wochen im Mai und einige Wochen im Oktober. So soll der verletzliche Garten mit seltenen Bäumen und Pflanzen geschützt werden.

6800 Quadratmeter groß, gilt die Anlage als der größte japanische Garten der Niederlande mit einem hohen historischen Wert und einer einzigartigen Atmosphäre. Angelegt wurde er 1910 von der damaligen Bewohnerin des Landguts. Sie reiste mit dem Schiff nach Japan und brachte von ihrer Reise Laternen, Wasserbecken, Figuren und einen Pavillon mit. So können die Besucher heute in die Kultur und Symbolik Japans eintauchen, denn der Garten wurde ganz im Stil traditioneller japanischer Gärten angelegt. Nichts ist hier dem Zufall überlassen: Die im Teich liegende Insel weist die Form einer Schildkröte auf, die in Japan als heilig gilt und ein langes Leben symbolisiert. Auch die steinernen Laternen sind mit heiligen Symbolen wie Hirschen oder Buddha verziert. Abhängig von Wetter und Licht wird der Blick des Besuchers stets auf anderes gelenkt. Ändert sich das einfallende Sonnenlicht, treten neue Details in den Vordergrund. So ergeben sich beim Streifzug durch die Anlage immer wieder andere Blickwinkel und die gewundenen Pfade wecken die Neugier auf das, was hinter der nächsten Kurve liegt. Im hinteren Teil des Gartens befindet sich ein japanischer Pavillon, in dem Besucher Platz nehmen und einen Moment der Vollkommenheit genießen können. Ein perfekter Ort, um abzuschalten, Kraft zu tanken und die Kultur und Symbolik Japans auf sich wirken zu lassen.

TIPP

Die Website verrät, wann der Japanische Garten geöffnet ist.

● Landgut Clingendael, Eingang Ecke Wassenaarseweg/Laan van Clingendael, 2244 VH Den Haag

● ÖPNV: Bus 23, Haltestelle Wassenaarseweg

Glückliche Klänge

64 Der Plattenladen High Definition Records

Das alte Zentrum von Scheveningen ist ein kleines authentisches Dorf am Rande der großen Stadt Den Haag. Hier duftet es nach Meer, das Geschrei der Möwen begleitet einen auf Schritt und Tritt und das Rauschen der See schallt über den Boulevard.
Die Keizerstraat, direkt hinter dem Boulevard gelegen, ist die älteste Einkaufsstraße von Scheveningen. Hier kann man gemütlich schlendern und es gibt viele kleine authentische Läden: einen Schneider, einen holländischen Käseladen und einen Bäcker, der bereits seit 35 Jahren Brot, Torten und mehr verkauft sowie Fisch- und Gemüseläden. In dieser Straße fühlt man sich ein bisschen in die Zeit zurückversetzt, als man seine Einkäufe noch in verschiedenen kleinen Läden erledigte.
Viele von ihnen werden mit Herz und Seele von echten Scheveningern geführt. Einer dieser Läden ist High Definition Records Scheveningen. Wenn die Türen offen stehen, können die Passanten für einen Moment den musikalischen Klängen lauschen, die nach draußen getragen werden. Der eine oder andere wird hineingelockt und den Laden nicht so schnell wieder verlassen. Denn hier gibt es viel zu viel zum Stöbern. Schallplatte über Schallplatte zieren die Wand und lassen nur wenige Zentimeter frei. Darunter befinden sich in Regalen und Kisten weitere Tonträger. Alle Genres sind hier vertreten. Discomusik, Reggae, Hip-Hop, Musik aus den 1980ern und 1990ern, Folk und deutscher Schlager. All dies und noch mehr ist hier zu finden. Die meisten Platten sind Secondhand-Ware und so zu einem erschwinglichen Preis erhältlich.
Seit 2017 gibt es das kleine Geschäft. Entstanden ist es aus einem Zufall heraus: Eine berufliche Neuorientierung war nötig und was liegt da näher, als das zu tun, was man gerne tut und sich als Musikfan jeden Tag der Musik zu widmen? Und so können wir heute den Klängen, die durch den Laden schallen, lauschen, durch die unzähligen Tonträger stöbern und das ein oder andere musikalische Andenken mit nach Hause nehmen.

- High Definition Records Scheveningen, Keizerstraat 85, 2584 BC Den Haag, Tel. +31 (70) 2 14 61 70
- ÖPNV: Bus 22, Tram 1A, Haltestelle Keizerstraat; Tram 11, Haltestelle Strandweg

Strandtiere und Seerosen

65 Das Kunstmuseum

An Tischen und auf Bänken sitzen die Besucher des Kunstmuseums und genießen Kaffee und Kuchen. Ihre Köpfe sind teilweise weit in den Nacken gelegt, denn über ihnen baumelt in 7 Meter Höhe ein Konstrukt aus gelben Plastikröhren. Es trägt den Namen „Animaris Omnia" und gehört zu einer Reihe von Strandbeesten (zu übersetzen mit Strandtiere) des Künstlers Theo Jansen. Dabei handelt es sich um verschiedene kinetische Kunstobjekte, die sich mithilfe des Windes selbstständig fortbewegen können. 10 Meter lang und 3 Meter hoch ist das Objekt, das hier zu bestaunen, aber bei Weitem nicht das einzige Highlight des Kunstmuseums in Den Haag ist.

Das Museum wurde 1866 als Museum für moderne Kunst gegründet und zeigt moderne und angewandte Kunst. So gibt es hier neben Werken von Berühmtheiten wie Piet Mondrian, Pablo Picasso und Claude Monet auch Porzellan, Mode, Schmuck, Stilräume und Musikinstrumente zu sehen. Und all das in einem Art-déco-Gebäude von Architekt H.P. Berlage, das 1935 eröffnet wurde. Der Weg ins Innere führt über eine beglaste Pergola. Hier lässt der Besucher den Lärm und die Hektik der Stadt hinter sich und kann sich ganz auf die Kunst konzentrieren. Empfangen wird er zunächst von einer Eingangshalle mit weißen Wänden und gelben Fliesen, die ein wenig an ein Schwimmbad erinnern. Von hier können Kunsthungrige das Museum erkunden und durch die verschiedenen Räume streifen. Eine Route gibt es nicht, denn der Besucher soll sich in der Kunst verlieren.

Und so wird er, nachdem er Monets Seerosen bestaunt, sich an Mondrians blau-rot-gelber Farbkombination sattgesehen, wertvolles Porzellan bewundert hat und durch eingerichtete Räume gestreift ist, den Weg in die Tuinhal finden, den einstigen Innenhof, der in den 2010er-Jahren überdacht wurde. Hier kann er wie die anderen Kunstinteressierten den Kopf in den Nacken legen und die Konstruktion an der Decke bestaunen, Platz nehmen, zufrieden über das Gesehene nachdenken und sich inspirieren lassen.

● Kunstmuseum, Stadhouderslaan 41, 2517 HV Den Haag, Tel. +31 (70) 3 38 11 11
www.kunstmuseum.nl

● ÖPNV: Tram 17, Bus 24, Haltestelle Kunstmuseum

Liesje lehrte Lotje laufen

66

Die Allee Lange Voorhout

Liesje leerde Lotje lopen langs de Lange Lindelaan – jeder Niederländer kennt den Zungenbrecher, in dem Lotje das Laufen nicht lernen will und Liesje sie darum stehen lässt. Und all dies scheint mitten in Den Haag geschehen zu sein, auf der Lange Voorhout, die im Volksmund einst auch „Lindelaan" oder „Lange Lindelaan" genannt wurde.
Bebaut ist die Lange Voorhout, deren Name auf den niederländischen Begriff für *hout* (Holz) zurückgeht, seit Mitte des 14. Jahrhunderts. Damals standen die Häuser an der Straße wild durcheinander. Ein Jahrhundert später entstanden kleine Gärten und schmale Gassen. Veränderung im Straßenbild brachte Kaiser Karl V.: Er ließ die Vorgärten der Häuser zu einer breiten Allee zusammenfügen und vier Reihen Linden pflanzen – die Geburtsstunde des Spitznamens Lindelaan.

TIPP

Es finden regelmäßig Antiquitäten- und Büchermärkte statt.

In den folgenden Jahrhunderten wurde die Lange Voorhout zum Treffpunkt der Reichen und Schönen und zu einem politisch mächtigen Zentrum. Hier wohnten die königliche Familie, Höflinge und Minister. Die kleinen Häuser aus dem 14. Jahrhundert waren längst den stattlichen Bauten, die noch heute zu bewundern sind, gewichen. Nach dem Zweiten Weltkrieg musste auch der Muschelsand, der jahrhundertelang das Bild der Allee geprägt und Kutschen davor bewahrt hatte, im sandigen Untergrund stecken zu bleiben, für einige Jahrzehnte verschwinden. Mit einer Instandsetzung in den 1980er- und 2000er-Jahren wurde die Lange Voorhout wieder in ihren historischen Zustand zurückversetzt, alte, kranke Bäume entfernt und neue gepflanzt.
Seitdem ist die L-förmige Allee wieder das, was sie einst war: ein prächtiges Stück Den Haag, auf dem es sich herrlich flanieren und ausruhen lässt. Von den gusseisernen Bänken können das Blätterspiel der Bäume beobachtet und die Poesie des Alltags genossen werden. Im Sommer spenden die Bäume Schatten und Kühle, im Herbst erstrahlen die Blätter in leuchtendem Gold. Nicht umsonst gilt die Lange Voorhout als schönste Allee des Landes.

- Lange Voorhout, 2514 EJ Den Haag
- ÖPNV: Tram 15, 17, Haltestelle Korte Voorhout; Tram 1, Bus 22, 24, 28, Haltestelle Kneuterdijk

Nostalgie pur

67 Die Bäckerei 't Bakkertje

Mit dem niederländischen Brot ist es so eine Sache. Die einen lieben es, den anderen schmeckt es eher weniger. Aber wer deshalb annimmt, ein niederländischer Bäcker, wie soll der denn glücklich machen, denkt falsch und verpasst etwas. Neben dunklem und hellem Brot, Brot mit Maismehl, Kürbis, Dinkel und mehr gibt es beim Bäcker 't Bakkertje in der Oude Molenstraat auch Croissants, belegte Brötchen, verschiedene Kuchen, Torten und Den Haager Spezialitäten.
Sieben Tage in der Woche können Kunden hier berüchtigtes handgemachtes Nugat mit Honig und Mandeln und Den Haager Spezialitäten wie Haagse Poffâh, einen Kuchen mit Rosinen, Marzipanmasse, Nüssen und Gewürzen, und Haagse Hopjes Cake erstehen. Bei Letzterem handelt es sich um eine Spezialität des Hauses und einen Kuchen, der nach Haagse Hopjes, das sind Bonbons mit Kaffee- und Karamellgeschmack, schmeckt. Zudem gibt es Den Hagelslag – Schokostreusel in den Stadtfarben Grün und Gelb – und Haagse Ooievaartjes, dünne Butter-Zimt-Kekse, benannt nach dem Wappentier, dem Storch.
Verkauft wird all dies in einem wunderschönen kleinen Laden mit viel nostalgischer Atmosphäre. Immerhin handelt es sich nach eigenen Angaben um die älteste Bäckerei der Stadt. Wie die Inschrift über der Tür verrät, wird hier seit 1838 Gebackenes verkauft. Und so kommt es, dass beim Betreten des Ladens das Gefühl entsteht, ein wenig in der Zeit zurückzureisen. Schwarz-weißer Fliesenboden, grüne Holzvertäfelung, karierte Vorhänge. Die Bäckerei versprüht Nostalgie, Gemütlichkeit und Wärme. In Regalen aus dunklem Holz werden kleine Naschereien liebevoll dargeboten und in der Theke türmen sich frische süße und herzhafte Backwaren. Da dauert es einen Moment, bis man sich entscheiden kann. Anschließend kann man es kaum erwarten, die Leckereien zu verspeisen, und manch einer kann nicht widerstehen, schon direkt vor den Türen des Ladens in das herrliche Croissant zu beißen oder vom süßen Nugat zu naschen und die Süße des Lebens zu schmecken.

● 't Bakkertje, Oude Molstraat 38, 2513 BB Den Haag, Tel. +31 (70) 3 46 02 29
www.hetbakkertje.nl
● ÖPNV: Tram 17, Haltestelle Gravenstraat

Speltbrood

Buntes Farbenmeer

68

Der Rosengarten im Westbroekpark

Schon der Westbroekpark zählt mit seinen Spielwiesen, den Teichen und Wasserpartien zu den schönsten Grünanlagen in Den Haag. Daher ist es kaum zu glauben, dass in diesem Paradies ein weiteres Juwel verborgen liegt: der Rosengarten. An drei Seiten von Wasser umgeben und teilweise hinter Büschen versteckt, wachsen mehr als 20.000 Rosenstöcke in 350 Beeten.

Zwischen Anfang Juli und Ende September werden hier gleich mehrere Sinne angesprochen: Der Besucher streunt über saftig grüne Wiesen durch ein wahres Farbenmeer. Die Beete leuchten in zartem Rosa, kräftigem Pink, knalligem Rot und dezentem Weiß. Mal sind die Blüten reich und üppig gefüllt, mal kommen sie eher schlicht daher. Einige Blüten erstrahlen in einer einzigen Farbe, andere weisen mehrere Farben auf oder haben sogar einen Farbverlauf, dem sie den Namen Flaming Star zu verdanken haben. Aber nicht nur für das Auge ist der international bekannte Rosengarten eine absolute Pracht: Über allem liegt ein betörender Rosenduft, Bienen und Insekten summen umher.

TIPP

Beim Bootsverleih Waterkant kann man Boote leihen und Park sowie Rosarium vom Wasser aus genießen.

Jedes Jahr schicken Züchter aus aller Welt ihre neuen Sorten nach Den Haag. Denn jährlich findet mit dem Internationale Rozenconcours ein internationaler Rosenwettbewerb statt, an dem Rosenzüchter aus der ganzen Welt teilnehmen. Dabei wird die weltweit schönste und qualitativ hochwertigste Rose von einer Jury gekürt, der 1964 die Schriftstellerin Agatha Christie angehörte, und als Goldene Rose ausgezeichnet.

Ein Besuch des im Jahr 1961 angelegten Rosengartens lohnt sich aber nicht nur für Rosenliebhaber, die den Blütentraum genießen und sich am Duft der Rosen erfreuen wollen. Die Parkanlage bietet Raum für gemütliche Picknicks und Kunstliebhaber können zahlreiche Statuen bestaunen. Wer möchte, kann auf einer der Bänke Platz nehmen, sich in ein Buch vertiefen oder einfach die Seele baumeln lassen und zur Ruhe kommen.

- Rosarium im Westbroekpark, Kapelweg, 2587 BK Den Haag
- ÖPNV: Bus 21, Haltestelle Nieuwe Parklaan; Tram 9, Haltestelle Nieuwe Duinweg

Gruß aus Hawaii

69 Surfshop und Strandcafé Aloha

Mit einem breiten Grinsen im Gesicht kommt eine Gruppe Surfer aus dem Wasser. Die Bretter werden im Sand abgelegt, dann geht es hinein zu Aloha. Hier gibt es alles, was das Surferherz begehrt unter einem Dach: Surfunterricht, Verleih von Brettern und Neoprenanzügen, Umkleiden und warme Duschen, Gastronomie und einen Surfladen.
Dort stehen Surfbretter in allen Farben und Größen für Beginner und Fortgeschrittene. Dazu kurze und lange, dünne und dicke Neoprenanzüge sowie Accessoires wie Finnen und Leashes. Im Handumdrehen hat der Surfer seine Grundausstattung zusammen. Diejenigen, die lieber am Strand ein Bad in der Sonne genießen oder nur im Sommer in die Nordsee springen wollen, können hier ihr neues Strandoutfit zusammenstellen: Es gibt Bikinis und Badeshorts, Flipflops, Sonnenbrillen und Sonnenhüte, Badelaken und Handtücher sowie für ein bisschen Bewegung zwischendurch verschiedene Beachgames. Handgemachter Schmuck wie Armbänder mit Wellenmotiv, mit denen man auch noch einen guten Zweck unterstützt, runden das Angebot ebenso ab wie Poster und Postkarten mit Strand- und Surfmotiven, die ein Stück Scheveningen in die eigenen vier Wände bringen. Palmen sorgen für das passende Aloha-Feeling. In den hinteren Räumen, in denen sich das Strandcafé befindet, wird dieses Feeling noch verstärkt: Von der Decke hängen bunte Blüten, die Wände zieren Tapeten mit Dschungelmotiven und die Polster der Stühle zeigen allerlei Blumen und exotische Tiere. Hier werden nicht nur Surfer mit leckerem Essen versorgt. Vom Frühstück über Snacks für zwischendurch bis hin zum Diner am Abend kann den ganzen Tag über geschlemmt werden. Auf der Karte stehen niederländische Spezialitäten wie Kroketten im Brötchen ebenso wie exotische Bowls und vegetarische Gerichte. Der perfekte Ort, um sich den Bauch vollzuschlagen, den Blick aufs Meer zu genießen oder sich selbst in die Wellen zu stürzen.

- Aloha Beachclub, Surfschool en Surfshop, Strand Noord 2 b, 2586 ZZ Den Haag, Tel. +31 (70) 3 22 71 71, www.alohasurf.nl
- ÖPNV: Tram 11, Haltestelle Vuurbaakstraat oder Strandweg

Aloha
WC
WINDSURFEN
Bar
SHOP
KITEN
SURFEN
SURFSCHOOL
Aloha

Neue Freunde

70 Der englische Pub The Fiddler

Direkt neben der Eingangstür heißt es auf einem kleinen Metallschild „There are no strangers only friends you haven't yet met“ und die Worte des irischen Dichters William Butler Yeats sind wahrscheinlich selten wahrer gewesen als in diesem Lokal. The Fiddler im Herzen Den Haags lockt mit einer Inneneinrichtung im Stil eines traditionellen englischen Pubs: dunkles Holz, an den Wänden Schilder mit verschiedenen Aufschriften, an der Decke schwebt ein Boot, gestapelte Fässer. Alles zusammen ergibt pure Gemütlichkeit und eine tolle Atmosphäre. Besonders ins Auge fällt ein riesiger Braukessel. Denn im Pub befindet sich eine Mikrobrauerei, in der traditionelles englisches Bier gebraut wird. Dabei verzichtet man auf Farbstoffe und es werden nur frische Zutaten verwendet: Wasser, Malz, Hopfen und Hefe. Bei einigen Sorten kommen Aromen wie Honig hinzu. Derzeit werden Pale Ale, Stout, englisches IPA, Red Ale, deutsches Weizen, niederländisches Bockbier und Blond gebraut.

Aber es gibt nicht nur Selbstgebrautes. Auch belgisches Bier, Weißbier, Porter und Ale stehen auf der Karte und Cider darf in einem englischen Pub natürlich ebenfalls nicht fehlen. Ebenso wenig wie Wein, verschiedene Sorten Whisky und andere Spirituosen.

Auch für das leibliche Wohl ist gesorgt. Es gibt Fish and Chips, in Cider gebratenes Schweinefleisch, englische Würstchen mit einer Soße aus eigenem Bier und verschiedene Burger. Regelmäßig werden Sportveranstaltungen übertragen wie die Spiele der Fußballweltmeisterschaft. Zudem gibt es Quizveranstaltungen und Events, bei denen sich Expats, die in der Stadt leben, kennenlernen können.

Aber auch an einem gewöhnlichen Abend kommt man mit einem Glas Bier oder Cider in der Hand schnell mit anderen Gästen ins Gespräch. Man tauscht sich aus und verbringt eine gesellige Zeit miteinander. Und schon sind aus Fremden Freunde geworden.

● The Fiddler, Riviervismarkt 1, 2513 AM Den Haag, Tel. +31 (70) 3 65 19 55
www.fiddler.nl
● ÖPNV: Tram 17, Haltestelle Gravenstraat

SEA LIONS
IPA
CREAM BEE
STOUT
REDHEAD

Flanieren über Wasser

71 Der Pier am Strand von Scheveningen

Mondän liegt das Kurhaus am Boulevard und schaut mit seiner breiten Front und der mächtigen auffälligen Kuppel auf Strand und Nordsee. Der rot-gelbe Backstein glänzt in der Sonne und die Menschen flanieren über den Boulevard vorbei und schlecken ihr Eis. Während weiter südlich am Hafen vieles noch daran erinnert, dass Scheveningen einst ein kleines Fischerdorf war, macht der Bau des Kurhauses deutlich, dass ab dem 19. Jahrhundert die Badetradition am niederländischen Strand Einzug hielt. 1885 eröffnete an der Stelle des ehemaligen Badehauses ein erstes Kurhaus. Nach Brand und Wiedereröffnung 1887 hat das Haus Gäste wie Vincent van Gogh, Kaiserin Elisabeth (Sissi) und den österreichisch-ungarischen Kaiser Franz Joseph I., den deutschen Kaiser Wilhelm II. sowie Politiker wie Roosevelt, Churchill und Brandt gesehen. Stars wie Maria Callas, Marlene Dietrich und Edith Piaf erfreuten die Gäste mit ihrer Musik ebenso wie die Rolling Stones, die hier 1964 ein legendäres Konzert gaben.

Vor den Toren des Kurhauses liegt ein weiterer Schatz, der auch Nicht-Gästen zugänglich ist: der Pier. Der erste Steg führte von der Mitte des Hotels ins Meer, wurde jedoch im Zweiten Weltkrieg zerstört. 1961 wurde eine neue Konstruktion eröffnet, die nach gründlicher Renovierung in den 2010er-Jahren heute von bunten Säulen getragen wird. Wer über die Holzplanken auf dem Oberdeck flaniert, könnte fast meinen, sich an Bord eines Kreuzfahrtschiffes zu befinden. Und auch das Entertainmentangebot kommt dem eines modernen Kreuzfahrtschiffes nah. Auf dem Unterdeck befindet sich ein Ess- und Spieleparadies. Wer mehr Nervenkitzel sucht, kann eine Fahrt mit dem Riesenrad machen, sich beim Bungee-Jumping todesmutig Richtung Nordsee stürzen oder mit einer Zipline in rasender Geschwindigkeit auf den Strand zubrausen. Alle anderen genießen einfach den Blick auf den Strand und das Meer, lassen sich vom Wind durchpusten und atmen den salzigen Duft der Nordsee ein.

● Pier von Scheveningen, Strandweg 150–154, 2586 JW Den Haag
● ÖPNV: Tram 1A, 9, Haltestelle Kurhaus

BUNGY

Augen auf im Kino

72 Das Filmhuis in Den Haag

Langsam blendet das Licht ab. Es wird dunkel im Saal. Die Gespräche werden leiser, dann zu einem Flüstern, bevor sie verstummen. Der Vorhang gibt die Leinwand frei. Kurz darauf erstrahlt der Raum erneut im Licht. Diesmal ist es nicht das Licht der Wandbeleuchtung, sondern es sind die Strahlen des Projektors, der seine Bilder auf die Leinwand zaubert.

Wer nun den nächsten Blockbuster erwartet, ist fehl am Platz und sollte den Kinosaal noch schnell verlassen. Zu sehen gibt es im Filmhuis Den Haag stattdessen Arthouse-Filme aus Europa und aus nicht westlichen Ländern, Dokumentarfilme, Retrospektiven und Klassiker. Denn die Liebe zum Film ist groß. Und sie geht über den Film hinaus. Das Filmhuis folgt der Überzeugung, dass Film die Augen öffnen und zu mehr Toleranz und Empathie auf der Welt beitragen kann. So nimmt das Kino unter anderem an Filmfestivals wie dem einmal im Jahr stattfindenden Movies That Matter Festival teil, einem internationalen Film- und Debattenfestival, das unter anderem in Zusammenarbeit mit Amnesty International entstanden ist. Gezeigt werden Spielfilme und Dokumentationen, die Menschenrechte und eine faire und nachhaltige Gesellschaft zum Thema haben. Debatten gibt es im Filmhuis aber nicht nur während dieses Festivals: Das ganze Jahr über werden Lesungen, Diskussionen und Ausstellungen organisiert. Und es gibt einen Raum, in dem Schüler lernen, wie man einen Film dreht und sie auf eine kritische Mediennutzung hingewiesen werden.

Aber auch die Filme selbst kommen natürlich nicht zu kurz: Den ganzen Tag über werden Lichtspiele gezeigt. Dazu stehen fünf Kinosäle zur Verfügung. Ausreichend Platz, um sich zwar mit teilweise schwerer Kost zu befassen, aber doch ein tolles Filmabenteuer zu erleben, in fremde Kulturen Asiens oder Südamerikas abzutauchen und gespannt zu warten, welche Welt sich einem eröffnen wird, wenn sich der Vorhang langsam hebt.

- Filmhuis Den Haag, Spui 191, 2511 BN Den Haag, Tel. +31 (70) 3 65 60 30 www.filmhuisdenhaag.nl
- ÖPNV: Tram 2, 3, 4, 6, Haltestelle Spui; Tram 1, 9, 15, 16, Haltestelle Bierkade; Bus 22, 24, 28, 29, Haltestelle Nieuwe Haven

17/12
ROOTS
FILM
FESTIVAL
FILMHUIS
DEN HAAG

Königliches Grün

73 Im Garten von Palast Noordeinde

Ein Foto vor dem Palast Noordeinde in der gleichnamigen Straße ist ein Muss für jeden, der Den Haag besucht. Wer dem Palast dann jedoch den Rücken zukehrt und schon genug vom königlichen Den Haag hat, verpasst ein wahres Juwel. Denn dieses liegt auf der Rückseite des Palastes. Einmal die Straße hinab, an der nächsten Kreuzung links und dann noch einmal links abgebogen, liegt hinter einem schmiedeeisernen Tor das kleine Glück: der Palastgarten. Von Sonnenaufgang bis Sonnenuntergang, es sei denn, es sind wichtige Staatsgäste zu Besuch, kann jeder die Parkanlage nutzen und hier eine Weile flanieren, auf einer der Bänke Platz nehmen und sich in ein Buch vertiefen oder im Schatten der Bäume wegdösen.
Angelegt wurde der Garten im 17. Jahrhundert von Frederik Hendrik, dem Sohn von Wilhelm III. Prinz von Oranien. Damals enthielt die Anlage romantische Blumenbeete, Teiche, Brunnen sowie Marmorstatuen und trug den Namen Prinzessinnengarten. Nach dem Abzug der Franzosen 1813 wurden Palast und Garten Eigentum des Staates und die Grünfläche im 19. Jahrhundert im Stil eines englischen Landschaftsgartens neu angelegt. Nach dem Zweiten Weltkrieg wollte die königliche Familie den Palast nicht mehr nutzen, da die Besatzer ihn in Besitz genommen hatten. So zog dort das International Institute of Social Studies ein und Studenten konnten sich am Garten erfreuen. Schließlich ließ Königin Beatrix den Palast in den späten 1970er- und frühen 1980er-Jahren renovieren und auch der Garten wurde neu gestaltet. Er wurde der Gemeinde geschenkt und hat so die Funktion eines Stadtgartens erhalten. Heute besuchen viele Bürger die grüne Oase mitten in der Stadt: Kinder toben über die grünen Wiesen und haben Spaß an den Spielgeräten, Freunde machen ein gemütliches Picknick und genießen die Zusammenzeit. Gestresste Großstädter und Angestellte nutzen den Park für eine entspannte Mittagspause und zum Krafttanken. Und hin und wieder zieht das Wiehern der königlichen Pferde vom Stall nebenan über die Szenerie.

- Paleistuin, Eingang Prinsessewal, 2513 CL Den Haag
- ÖPNV: Tram 1, Bus 22, 24, 28, Haltestelle Kneuterdijk oder Mauritskade

Geschichte erleben

74 Das Muzee in Scheveningen

Die dunkle Holzdecke bewegt sich im Takt der Wellen. Ein lautes Knarzen und Ächzen erfüllt den Raum. In der Koje liegt ein Mann und schläft, zwei sitzen in der Messe, dem Aufenthaltsraum auf traditionellen Schiffen. Gesprächsfetzen dringen nicht herüber, denn es handelt sich lediglich um Puppen. Und dennoch bekommt der Besucher einen authentischen Einblick in ein traditionelles Schiff. Voll eingerichtet sind seine Räume, als würde es sich wirklich auf offener See befinden.

Das Muzee ist ein kultur- und naturhistorisches Museum und widmet sich der Identität Scheveningens, die von Fischfang und Kurort geprägt ist. Es informiert den Besucher über die Geschichte und das wundersame Leben über und unter Wasser. Zahlreiche Bilder zeugen davon, wie Scheveningen früher ohne die heutige Bebauung ausgesehen hat, zeigen Menschen in Trachten und geben einen Einblick in das Leben in einem Fischerdorf. Hinzu kommen Schiffsmodelle und Werke von Künstlern wie Hendrik Willem Mesdag. Das Museum arbeitet aber auch mit lokalen Künstlern zusammen, denen es Raum für eine Ausstellung zur Verfügung stellt. Die Sammlung zeigt viel Vergangenes, will sich allerdings auch auf die Zukunft richten und dem Besucher Themen wie Windenergie und die Nutzung von Algen näherbringen.

TIPP

Besonders intensiv wird der Museumsbesuch samstags, dann sind Seeleute anwesend und erzählen aus erster Hand.

Einen Einblick unter Wasser gewähren bunte Fische, die in Aquarien ihre Bahnen ziehen und ein Laternenfisch leuchtet den Weg in einen kleinen Durchgang mit Schwarzlicht, in dem Tiermotive in verschiedenen Farben um die Wette strahlen. Wer schon mal an einem niederländischen Strand war, wird die ein oder andere Muschelschale, die in einer Vitrine ausgestellt ist, sicher wiedererkennen.

Nachdem man alles entdeckt und erkundet hat, kann man in der kleinen Fischerkneipe, die im Museum nachgebildet ist, an einem der rustikalen Holztische oder auf einem gemütlichen Barhocker Platz nehmen und Geschichte erleben, statt sie nur zu sehen.

- Muzee Scheveningen, Neptunusstraat 90–92, 2586 GT Den Haag, Tel. +31 (70) 3 50 08 30, www.muzeescheveningen.nl
- ÖPNV: Tram 9, Haltestelle Circustheater; Tram 1, Bus 22, Haltestelle Scheveningse Slag; Bus 21, Haltestelle Stevinstraat; Bus 22, 23, Haltestelle Gentsestraat

1937

Die Welt steht Kopf

75 Das Himmelsgewölbe Celestial Vault

An der Machiel Vrijenhoeklaan im Ortsteil Kijkduin treffen Badegäste und Kitesurfer zusammen, Hundebesitzer kommen hierher, um am Strand oder in den Dünen eine Runde mit ihren Vierbeinern zu drehen und Radsportler nutzen die gut ausgebauten Wege in den Dünen für ihr Training. Da bleibt das Gebiet auf der anderen Straßenseite häufig unbeachtet. Wer jedoch der Treppe auf Höhe des Restaurants De Haagsche Beek folgt, wird reich belohnt. Zum einen hat man von hier einen fantastischen Blick auf die gegenüberliegenden Dünen und das Meer, zum anderen liegt versteckt in den Dünen ein Werk des amerikanischen Künstlers James Turrell. Ein 6 Meter langer Durchgang aus Beton führt durch einen 5 Meter hohen Erdwall mitten hinein in eine 30 Meter breite und 40 Meter lange, ellipsenförmige Mulde. In der Mitte des künstlichen Kraters steht eine etwas unscheinbare Bank aus Naturstein, mit der man, wenn man nicht weiß, wo man sich befindet, nicht viel anfangen kann. Wer auf dem Rücken liegend darauf Platz nimmt und den Kopf am Ende in den Nacken fallen lässt, erlebt Einzigartiges: Die Welt steht Kopf und der Himmel liegt als atemberaubendes Gewölbe über einem. Auf dem Rand des Kraters ruhend, erstreckt sich magisch das blaue Himmelszelt über dem Betrachter. Weiße Wolken ziehen dahin, das Rauschen des Meeres dringt herüber und der Mensch fühlt sich eins mit dem Universum. Während wir den Himmel im Alltag als platte Luft wahrnehmen, zeigt er hier sein wahres Gesicht, lässt uns innehalten und einen Moment über die Erhabenheit und Größe des Universums nachdenken.

Wer nicht genug bekommen kann von diesem atemberaubenden Anblick, findet weiter oben in den Dünen eine weitere Bank. Diese ist nicht in einen Krater eingelassen, sondern steht auf der Spitze der Sandberge, Meerblick inklusive. Hier ist das Schauspiel ebenso beeindruckend: Der Blick reicht von Horizont zu Horizont und es scheint, als würden die Schiffe auf dem Meer über den Himmel fahren.

- Hemels Gewelf, Machiel Vrijenhoeklaan 175, 2555 NA Den Haag
- ÖPNV: Bus 24, 26, Haltestelle Kijkduin

Schlemmen wie im Paradies

76

Das Fischrestaurant Simonis am Hafen

Die Atmosphäre erinnert an eine Mischung aus Kantine und Markt. Es ist voll, laut und trubelig. Gerade scheinen alle Plätze besetzt zu sein, im nächsten Moment sind plötzlich, wie aus dem Nichts, gleich mehrere Tische frei und im selben Moment schon wieder besetzt. Es ist ein Kommen und Gehen bei Simonis am Hafen. Genau das ist das Besondere. Und natürlich die leckeren Fischgerichte. Bezahlbar, schnell zuzubereiten und vor allem lecker soll es sein, so lautet das Motto. Seit 1980 gibt es das Restaurant am Hafen und Simonis ist ein Begriff in Den Haag und Umgebung.

Wer einen Tisch ergattert hat, wirft einen Blick auf die Karte: Es gibt Fisch in jeglicher Form, paniert, frittiert, gebraten, Backfisch, Kibbeling, Austern, Hummer, Krebs und vieles mehr. Wer sich für ein Gericht entschieden hat, macht sich auf zur Theke, denn dort wird bestellt und gleich bezahlt. Simonis ist bekannt als das Restaurant mit den Nummern. Denn früher bekam man bei der Bestellung eine Nummer, die, sobald das Mahl zubereitet war, aufgerufen wurde. Mittlerweile erhält man Buzzer, die mit zum Tisch genommen werden und vibrieren, wenn das Essen fertig ist. Die Nummern werden nur noch aufgerufen, wenn die Gäste nicht auf den Buzzer reagieren oder dieser nicht vibriert.

TIPP

Es gibt noch weitere Restaurants von Simonis in der Stadt. In einigen gibt es auch Fleischgerichte.

Dann endlich kann man seinen Fisch genießen. Die Geräusche und die Hektik um einen herum verstummen. Man befindet sich im Hier und Jetzt, im Paradies der Meeresfrüchte, und schlürft genussvoll Austern, die nach Mee(h)r schmecken, knackt Krebsscheren oder genießt den bereits filetierten Fisch in knuspriger Panade und lässt es sich gut gehen.

Bis man den letzten Zug aus dem Glas nimmt, zu Jacke und Handtasche greift und schon die nächsten Gäste neben dem Tisch stehen und fragen, ob hier frei wird. So ist das bei Simonis am Hafen, ein Kommen und Gehen.

- Simonis aan de haven, Visafslagweg 20, 2583 DM Den Haag, Tel. +31 (70) 3 50 00 42, www.simonisvis.nl
- ÖPNV: Tram 11, Haltestelle Vuurbaakstraat

Exquisit shoppen

77 Die Passage in Den Haag

Dass in der Passage mitten in der Innenstadt von Den Haag ein ganz besonderes und hochwertiges Shoppingerlebnis wartet, wird schnell klar: Griechische Säulen an der Fassade, ein goldener Schriftzug, Marmorboden, ausgelegt mit blauem Teppich, und gusseiserne Verzierungen vor den einzelnen Ladenfenstern bringen einen Hauch von Paris und Mailand in die niederländische Stadt. Der Grundstein für die Einkaufspassage, die heute aus drei Achsen besteht, die unter einer mächtigen Glaskuppel zusammentreffen, wurde 1884 gelegt. Knapp 1 Jahr später, im Mai 1885, wurde die Einkaufspassage im Stil der Neorenaissance eröffnet. Zwar waren bei der Eröffnung noch nicht alle Ladenlokale besetzt, dies änderte sich jedoch schnell. Und so konnten die Anwohner der Stadt endlich durch ein überdachtes Einkaufszentrum flanieren und in erster Linie Handschuhe, Damenwäsche und Korsetts, Regenschirme und Wanderstöcke sowie Uhren und Edelsteine erstehen. 1929 folgte dem ursprünglichen Arm ein weiterer Flügel zum Hofweg. Dieser wurde im expressionistischen Stil errichtet. Und seit 2014 wird die Passage mit der Neuen Passage zwischen Spuistraat und Grote Marktstraat weiter verlängert.

Bis heute sind in dem angeblich ältesten Einkaufszentrum des Landes hochwertige Geschäfte zu finden. Hier befindet sich ein Apple Store, es werden Schuhe und Kleidung verkauft, Galerien zeigen die Werke unterschiedlichster Künstler und traditionelle Geschäfte wie ein Briefmarkenhändler und ein Füllerspezialist präsentieren liebevoll ihre Waren. Auch wenn das Angebot der Läden nicht für alle Geldbeutel passend ist, lohnt es sich, durch die Passage zu bummeln. Schon allein der Anblick der Stuckverzierungen an den oberen Stockwerken, die wunderschöne Glaskuppel sowie der Marmorboden sind traumhaft und versprühen Exklusivität. Sie sind allemal einen Besuch wert. Wer noch einen Moment länger bleiben möchte, nimmt in einem der Cafés Platz und schaut dem Shoppingtrubel zu.

- De Passage, Passage 72, 2511 AE Den Haag
www.depassage.nl
- ÖPNV: Tram 17, Haltestelle Gravenstraat

Spiel mit der Realität

78 Das Museum Voorlinden

Vom Parkplatz führt ein schmaler Weg über eine grüne Wiese. Auf der linken Seite befindet sich ein beeindruckendes Haus aus rotem Backstein mit weißen Sprossenfenstern. Das Landhaus Voorlinden wurde 1912 im englischen Landhausstil erbaut und beherbergt heute ein Museumsrestaurant. Denn, dem Besucher aus dieser Perspektive noch hinter Bäumen verborgen, liegt in einem beeindruckenden Neubau das Museum Voorlinden. 2016 eröffnet, zeigt es auf 4000 Quadratmetern Schätze der modernen und zeitgenössischen Kunst. Die Kunstwerke spielen mit der Realität, versuchen, Licht greifbar zu machen und zeigen Gegensätze auf. Da ist das übergroße Paar, das einen warmen Sommertag unter einem Sonnenschirm verbringt und vom australischen Künstler Ron Mueck bis ins kleinste Detail ausgearbeitet wurde. Im Raum nebenan steht eine 216 Tonnen schwere Konstruktion aus Stahl, deren sechs Platten einen Irrgarten bilden und James Turrell entwarf speziell für das Museum einen Raum, in dessen Decke sich ein Loch befindet und den Blick auf den Himmel freigibt. Ringsherum laden Bänke ein, Platz zu nehmen, einen Moment innezuhalten und den Wolken dabei zuzusehen, wie sie über die Öffnung hinwegschweben. Highlight ist für viele Besucher der „Swimming Pool" von Leandro Erlich. Auf der Oberfläche glitzert das Wasser, die Wände des Pools strahlen in bekanntem Blau, aus ihnen leuchtet das Licht der typischen Lampen. Und doch ist etwas anders: Wer eine Treppe hinabsteigt, kann auf dem Boden des Pools laufen, ohne nass zu werden, und die Betrachter außerhalb durch die verzerrende Wasseroberfläche sehen. Ein Spiel mit der Realität, typisch für den argentinischen Künstler.

Voorlinden will eine Oase der Ruhe in der geschäftigen Großstadt und ein Treffpunkt sein, an dem sich Menschen gerne aufhalten. Sie sollen zum Staunen gebracht und überrascht werden. Und das gelingt mit jedem Raum, in den der Besucher mit klopfendem Herzen eintritt, neugierig, was ihn als Nächstes erwartet.

- Museum Voorlinden, Buurtweg 90, 2244 AG Wassenaar, Tel. +31 (70) 512 16 60 www.voorlinden.nl
- ÖPNV: Bus 43, 44, Haltestelle Wittenburgerweg, ca. 20 Minuten zu Fuß

Vulkan mit Meerblick

79 Aussichtspunkt De Vulkaan im Westduinpark

Ein Spaziergang durch den Westduinpark kann jäh unterbrochen werden, wenn der Wanderweg von tierischen Bewohnern blockiert wird: Um die Dünen offen und vielfältig zu halten, wurde eine Herde Schottischer Hochlandrinder in dem weitläufigen Dünengebiet angesiedelt. Die flauschigen Tiere laufen in extra eingezäunten, aber zugänglichen Gebieten frei herum. Dort liegen sie faul in der Sonne, trotten durch den Sand oder stehen auch mal auf dem Weg.

Die zotteligen Bewohner sind jedoch nicht das einzige Highlight des Dünenparks zwischen Scheveningen und Kijkduin. Denn vom Aussichtspunkt De Vulkaan hat man eine atemberaubende Aussicht: Hat man den Hügel erklommen, fällt der Blick zunächst wie magisch angezogen auf das ewig weite Meer. Sonnenstrahlen tanzen auf den Wellen und bringen die Wasseroberfläche zum Glitzern. Richtung Süden fällt der Blick auf Kijkduin und dahinter lässt sich der Hafen von Rotterdam ausmachen. Im Norden kann man Scheveningen erkennen mit seinem markanten Leuchtturm, der Hafeneinfahrt und dem Pier samt Riesenrad. Bei guter Sicht reicht der Blick bis nach Katwijk. Im Landesinnern ragt hinter den grünen und sandfarbenen Hügeln der Dünenlandschaft die Skyline von Den Haag in den Himmel. Der Turm des Friedenspalastes ist ebenso gut zu erkennen wie die Regierungsgebäude in der Innenstadt. Und direkt zu Füßen des Betrachters fällt der Blick auf verschlungene Sandpfade, leuchtend orangenen Sanddorn und knorrige Eichen. Das Dünengebiet hat sich im 12. Jahrhundert gebildet und wurde, nachdem es durch Abgrabung, Mülldeponierung und viele Besucher in Mitleidenschaft gezogen war, in der ersten Hälfte des 20. Jahrhunderts und noch einmal zu Beginn des 21. Jahrhunderts neu eingerichtet. So können die Menschen heute ein einzigartiges Stück Natur mit einer vielfältigen Flora und Fauna genießen. Denn neben Büffeln leben hier auch Nachtigall und Lerche, Zauneidechse und Füchse. Ein kleines Stück Paradies auf Erden.

- Westduinpark, Eingang Ecke De Savornin Lohmanlaan/Laan van Poot, 2566 AN Den Haag
- ÖPNV: Bus 24, Haltestelle De Savornin Lohmanlaan

Sei Teil eines Kunstwerks

80 Kunstwerk „Buytenbox“ an der Villa Ockenburgh

Eine lange Buchenallee empfängt den Besucher an der Villa Ockenburgh. Schnurgerade führt sie auf ein strahlend weißes Gebäude zu. Über dem Bauwerk ziehen die Wolken am blauen Himmel vorüber. Der Wind fährt sanft durch die Baumwipfel der Kastanie, die unweit der Villa steht, und bringt die Blätter zum Rascheln. In der Ferne ist ein Specht zu hören. Von der Terrasse des Restaurants klingen Stimmen herüber. Kinder rennen über die grüne Wiese, vorbei an einem auf den ersten Blick merkwürdigen Gebilde. Auf den zweiten Blick lassen sich zwei überdachte Sitzplätze mit einem kleinen Tisch erkennen. Wer Platz nimmt, wird Teil des Werks „Buytenbox“ des Künstlers Frits van Tol und macht es erst komplett.

Von hier sieht der Betrachter alles, was Ockenburgh ausmacht: die Villa, die lange Auffahrt, die Bäume und Pflanzen wie die imposanten Rhododendren. 1653 ließ der Arzt und Dichter Jacob Westerbaen eine Villa bauen und ein Landgut anlegen, das inspiriert war von den Landgütern der Dichter Huygens und Cats, mit denen er befreundet war. Im Laufe der Jahrhunderte sah das Anwesen viele weitere Besitzer, die es aus- und umbauten. Zuletzt wurden Gebäude und Ländereien jedoch sich selbst überlassen und knapp 20 Jahre lang wusste niemand etwas damit anzufangen. Bis Nachbarn 2013 eine Initiative gründeten und mithilfe von Gemeinde, Sponsoren, Stiftern und Freiwilligen einen Ort schufen, an dem jeder die Natur, Kultur und leckeres Essen genießen kann. Dazu wurden die Villa renoviert, ein Gewächshaus gebaut und ein Garten angelegt. Seitdem werden verschiedene Aktivitäten wie Musikfestivals, Theateraufführungen, Kurse und Workshops organisiert. In der Villa befindet sich ein Restaurant, in dem saisonale Gerichte aus lokalen Produkten angeboten werden. Wem dies zu trubelig ist, findet in dem Kunstwerk einen Platz, um kurz innezuhalten, einen Moment der Ruhe zu erfahren sowie Umfeld und Natur auf sich wirken zu lassen.

TIPP

Im Frühjahr blühen unzählige Krokusse, Narzissen, Schneeglöckchen und Hyazinthen.

- Villa Ockenburgh, Monsterseweg 4, 2553 RL Den Haag, Tel. + 31 (70) 2 17 73 33 www.villaockenburgh.nl
- ÖPNV: Tram 3, Haltestelle Pisuissestraat, ca. 10 Minuten zu Fuß; Bus 31, Haltestelle Ockenburgh

Bibliografische Informationen der Deutschen Nationalbibliothek
Die Deutsche Nationalbibliothek verzeichnet diese Publikation in der Deutschen Nationalbibliografie; detaillierte bibliografische Daten sind im Internet über http://dnb.d-nb.de abrufbar.

© 2023 Droste Verlag GmbH, Düsseldorf
Konzeption/Satz: Droste Verlag, Düsseldorf
Einbandgestaltung und Illustrationen: Britta Rungwerth, Düsseldorf, unter Verwendung von Bildern von © Fotolia.com: jd – photodesign.de; © iStock: Plociennik Robert
Fotos: Florian Schlotzhauer (S. 173: Museum Voorlinden Ron Mueck, Couple under an Umbrella (2013), Collectie Voorlinden), **außer:** Floris Scheplitz: S. 151; Sophia van den Hoek: S. 47
Textlektorat: Mo Kreutzberg, Düsseldorf

FSC www.fsc.org MIX Papier aus verantwortungsvollen Quellen FSC® C011279

Druck und Bindung: LUC GmbH, Greven
ISBN 978-3-7700-2470-4

www.droste-verlag.de